CW01521353

EL ASESOR FINANCIERO

Cómo ser un profesional exitoso

Tercera edición revisada

por

Ian Green

Testimonios de líderes de la profesión

"Hay un dicho 'Cuando el estudiante está listo, el libro aparece' ¿Qué significa esto? Bueno, cuando hacemos cambios, apostamos por perlas de sabiduría, las cuales parecen como que hubiesen sido descritas precisamente para nosotros, y de eso es de lo que se trata este libro. Ian Green, un pensador de avanzada, profesional entusiasta, nos guía a través de nuevas ideas para gestión de ventas y negocios las cuales realmente funcionan y ayudan a mejorar nuestra productividad"

Helen Jenkins, MLIA(dip), DipLS,
Miembro, Zona de Europa, Million Dollar Round Table

"El libro de Ian Green es el baúl de un tesoro de ideas prácticas para darle a tu práctica un impulso sorprendente. Es divertido y fácil de usar. Y, está diseñado para personas de ventas quienes conocen que ellos necesitan ser mejores personas de negocios, pero quienes no pueden mantener un registro complicado."

John Cruikshank
Anterior presidente, MDRT

"Un libro grandioso para un asesor grandioso. Ian se las ha arreglado con la muy difícil tarea de escribir un libro acerca de éxito en la profesión de las finanzas: hacerlo efectivo e interesante de leer. Ian unió esto fácilmente con historias personales y ejemplos verdaderos de cómo desarrollar una carrera exitosa en un corto periodo de tiempo. He sido afortunado de trabajar cercanamente con Ian en muchas ocasiones y su pasión por su profesión es evidente en todo lo que hace. Él está dispuesto a dar su tiempo porque sus prácticas probadas mantienen su negocio funcionando eficientemente cuando él está lejos. Su adaptación y uso del sistema de puntos y el sistema de cuantificación de colores valen la pena ser leídos solo por sí mismos. Pocos en nuestra profesión han dado tanto a tan temprana edad y su pasión te ayudará ya sea que recién estés empezando o busques dar un siguiente paso en tu práctica."

Brian D. Heckert, CLU, ChFC
Anterior presidente, MDRT

Para

M + M

&

M + D

ISBN: 978-1-8383991-2-2

Introducción

Que hice en un año, pero no en los cuatro anteriores

Este libro no es solo teoría. No se trata de hablar por hablar. Todo aquí realmente funciona ¿Cómo puedo estar tan seguro? ¡Porque yo lo hice! Este libro realmente es la historia de un año de mi vida, usando toda la información que aprendí de libros, audios, seminarios y colegas en la profesión de los servicios financieros. Hasta aquel año fatídico yo había sido grandioso en la teoría de ser un asesor financiero y no estuvo mal, tampoco bien, ponerlo en práctica.

Frecuentemente salgo a participar en una conferencia o leo un libro y me he topado con ideas grandiosas, pero demasiado a veces solo ideas. Yo solía preguntarme dónde empezar o intentaría implementar demasiadas ideas a la vez con el inevitable resultado de regresar a mis viejas costumbres. Para combatir esto y para asegurar que esto no ocurra en este libro, he destilado muchas de las ideas y conceptos en un planificador que cabe dentro de un pedazo de papel. Lo llamo el plan de éxito y en los siguientes capítulos yo proveeré todos los ingredientes para que tú crees tu propio plan de éxito.

Pero para retornar a la historia de cómo este libro se inspiró, como frecuentemente ocurre en la vida, las circunstancias forzaron mi mano.

Durante el primer año después de que me casé, y con el nacimiento de mi primer hijo, me mudé a una nueva casa y empecé mi propia compañía como asesor financiero independiente. El único de los eventos traumáticos de la vida que no he experimentado ha sido la muerte, ¡y yo intento no experimentarla por tanto tiempo como sea posible! Debido a estos eventos de repente tuve que trabajar de manera más creativa. Yo solo pasé ocho y medio meses en la oficina ese año, así que si no quería ver una reducción de un 33% en mis ingresos tenía que hacer algo.

Lo que yo hice fue poner en práctica todo lo que había aprendido en los cuatro años anteriores. Por supuesto, estaba haciéndolo durante algo del tiempo, pero no de una manera estructurada y con algo de consistencia.

Lo grandioso acerca de la información en este libro es que no importa en qué nivel de estrés estés ahora, aun así, funcionará. Tú puedes estar comenzando a necesitar saber qué hacer para comenzar, o tú puedes tener muchos años de experiencia, pero haber alcanzado una meseta en tu producción. Cualquiera que sea tu situación, este libro funcionará para ti.

Aunque he usado las libras en el libro, puedes sustituirlas por tu moneda local. Los números por sí mismos no son tan importantes, es la relación entre ellos lo que es importante y el concepto detrás de ellos que es el punto principal.

Otra razón por la que estoy tan seguro de que esto funcionará es porque todas las ideas y conceptos han soportado la prueba del tiempo. Seguro, unas cuantas de las ideas son mías, pero hay mucho que ha sido aprendido de conferencias de planeación financiera nacionales, reuniones regionales, y reuniones globales MDRT. Además, he sido un ávido lector de libros y por eso quiero decir que compró libros y realmente los leo más que simplemente ponerlos de adorno en un estante de volúmenes no abiertos.

Finalmente, siempre me ha asegurado de tener a mi alrededor a personas grandiosas. La frase 'parándose en los hombros de gigantes' nunca ha sido más cierta. Hay muchos grandiosos personajes en nuestra profesión quienes pueden contarte de años de luchas o mediocridad antes de 'lograrlo'. Desde el inicio he querido evitar eso, así que he buscado y lo he modelado de acuerdo con los mejores. Esto pago dividendos con mi 'éxito repentino' en tan solo cinco años. Al leer este libro, e implementar todas las ideas en él, serás capaz de disminuir ese tiempo aún más.

Es popular en estos días para los grupos de rock y pop hacer 'tributos' o 'versiones' de bandas. Por lo mismo, muchos de los éxitos de bandas juveniles son simplemente versiones de éxitos antiguos. En el cine estamos viendo películas relanzadas con las estrellas de hoy en día en los papeles principales o recreadas usando gráficos de computadora.

De muchas maneras, así es como veo este libro. A pesar de que muchas de las ideas y conceptos de gestión de negocios que plasma, yo no soy el 'artista original', espero que aun así disfrutes de la versión 'mejorada digitalmente' que yo he realizado. Cuando me refiero al 'artista original' he indicado y hecho una lista de las fuentes en el Apéndice A. a pesar de que he hecho lo mejor de mí mismo para rastrear todas las fuentes, la niebla del tiempo ha hecho que algunas se pierdan. Si he dejado de mencionar alguna, ha sido por accidente más que por malicia, sin haberlo querido, así que por favor acepta mis disculpas si este es el caso. Para terminar la analogía de los medios, al igual que los mejores libros y música, he incluido un Apéndice de 'agradecimientos' en la parte de atrás enumerando algunas de las personas y fuentes que me han ayudado en el camino. Espero que disfrutes el libro y que tengas éxito en cada uno de los caminos que puedas desear.

Ian Green
Mayo del 2002, revisado y actualizado en mayo del 2020

Como usar este libro

SECCIÓN 1

CAPÍTULO 1
En el principio

Así como ocurre frecuentemente en la vida, lo que parece desastroso en el momento puede frecuentemente ser el catalizador para un cambio maravilloso.

El inicio de mi carrera de seguro fue típicamente uno de aquellos casos. Hasta ese punto yo estaba feliz con mi profesión como diseñador gráfico de computadora, haciendo mayormente presentaciones en conferencias para grandes instituciones financieras tales como bancos y los contadores y abogados envueltos en la periferia de esa industria.

Yo era un entusiasta deportista en mi tiempo libre y una horrible herida de deportes paró mi carrera de diseño. Mi brazo estuvo roto con complicaciones y se hizo aparente que yo ya no sería capaz de usar una computadora y de ganarme mi vida a través de este medio nunca más. Por primera vez en mi vida era desempleado. No había mucho más que pudiera hacer más que sentarme a leer libros o el periódico del día. Fue uno de ellos en que un día de junio y un pequeño anuncio buscando individuos que desearan trabajar en la ciudad con el potencial para obtener ganancias que me parecieron enormes. ¡Guau! Era cerca de tres veces lo que había estado ganando en el campo de las computadoras y yo siempre me había imaginado mí mismo como un corredor de bolsa. Debido a la cartera de clientes de la empresa gráfica pensé que conocía más acerca de futuros, opciones, ventas en largo, ventas en corto y porcentajes P/E.

Y fue solo después de que pasé a la segunda entrevista (de siete en total) que me di cuenta de que no se trataba de acciones y estar en la ciudad, sino de vender seguros de vida. Sin embargo, en ese punto ya me habían vendido el sueño y estaba determinado a realizarlo. A pesar de ser ridiculizado por la ropa que llevaba puesta, ser motivo de risas por mi corte de pelo y sufrir la humillación ritual del gerente de la sucursal en la primera reunión ¡Me contrataron! Y así en septiembre, cinco meses después de romperme el brazo, me convertí en un interno de una agencia de una empresa de seguros grande.

Durante una semana me quedé en la oficina, aprendiendo donde se guardaban las cosas y quienes estaban en mi grupo. Luego fui llevado por dos semanas a un hotel para un entrenamiento intensivo en los productos básicos de la compañía de seguros y en una semana di el examen de licencia que consistía en estar todo el día en un juego de roles supervisado para luego ser liberado para atender al gran público británico.

Durante aquellas dos semanas éramos evaluados cada mañana acerca del contenido de los días previos e hice de mi objetivo el llegar a ser el mejor de la clase cada día. Esto no quería decir que mientras los otros estaban en el bar yo me encerraba en mi cuarto toda la noche sino más bien que me aseguraba de no estar de fiesta hasta que el trabajo estuviera hecho. Una vez de regreso en nuestras respectivas oficinas esparcidas por todo el país, me mantuve contacto con unas cuantas personas de mi clase. No pasó mucho tiempo antes de que la mayoría dejara el trabajo y a veces me pregunto qué habrá sido de ellos. Espero que hayan encontrado el éxito en otros campos, pero el alto recambio de personal no puede haber sido bueno para mi empresa empleadora. Este pensamiento fue confirmado cuando unos cuantos años después ellos vendieron lo que quedaba de la fuerza de ventas y cerraron sus puertas para hacer un nuevo negocio.

En la última sección del libro documento lo que me pasó a lo largo del camino hasta el momento de escribir estas palabras para que los lectores puedan usar si Dios quiere mis experiencias para su ventaja.

Frecuentemente pienso y veo hacia atrás al individuo que me hirió tan intencional y fuertemente en un juego deportivo supuestamente amigable, ¡y calladamente le agradezco! Su acto de brutalidad cambió mi vida y me abrió el mundo. Me pregunto ¿dónde estará el ahora?

CAPÍTULO 2
De vuelta a lo básico

Hay una antigua historia de un gerente de sucursal de seguros de vida que da la bienvenida a un nuevo empleado en la oficina en su primer día después de completar el entrenamiento básico de ventas. El gerente toma el brazo del nuevo recluta y lo mueve para que lo siga. A medida que pasan a lo largo de la oficina, el nuevo recluta se da cuenta del traje de sastre a la medida, y zapatos inmaculadamente pulidos del gerente. Ellos salieron del edificio y entraron al auto del gerente, el cual era un brillante y nuevo auto de modelo deportivo. El gerente prefirió presionar un botón que electrónicamente corría el techo y ellos se dirigieron hacia el campo escuchando música en el caro sistema de estéreo del auto. Ellos llegaron a una casa grande y abrieron las puertas de hierro balanceándolas silenciosamente hasta que se abrieron. El auto llegó a un camino de grava y se estacionó a un lado afuera de la magnífica casa. El gerente salió y llevó a su compañero hasta una banca cercana a la piscina. Ellos se sentaron y el nuevo recluta observó el paisaje, admirando los bienes, productos de éxito a su alrededor. En este punto el gerente finalmente habló. "Si haces lo que yo te digo, si le dedicas tiempo, si haces los sacrificios, si haces las llamadas, si ves a las personas y cierras las ventas, un día todo esto…" El gerente dio una mirada persistente a los artículos de lujo que estaban esparcidos alrededor. "… Todo esto podría ser MÍO"

Una historia sorprendente, pero para aquellos que han experimentado el sistema de gerencia con sus anulaciones y devoluciones, saben que hay un pequeño elemento de verdad en ella.

Y el gerente trabajaba duro. Era duro, pero justo. Yo tenía mucho respeto por él y él me había dado una oportunidad. Mientras yo no lo molestara él no me molestaría. Yo necesitaba ayuda, él nadaba incondicionalmente, y por eso le estaré eternamente agradecido. Cuando tuve que dejar su equipo para volverme un IFA, tan solo cinco cortos meses después, él respetó mi decisión y no trató de ponerse en mi camino. Por eso le estaré siempre agradecido. Él me enseñó el primer concepto que desarrolló mi disciplina. Él la llamaba la Biblia del tiempo. Eso significaba que, si yo quería hablar con él, tenía que reservarlo en su diario y tenía que ser entre las 9 am y 10 am o 12 m y 1 pm o 4 pm y 5 pm. En cualquier otro momento se suponía que yo estaba viendo prospectos cara a cara o conversando con prospectos por teléfono. Como puedes imaginarte, esta fue una llamada dura para despertarme. No tenía prospectos, excepto por unos pocos amigos y familiares y la única vez que pude contactar a mi gerente, el hombre que podía ayudarme fue muy rígido. Era el caso de que en cualquier momento que lo veía él quería saber a cuantas personas había visto hoy o llamado, así que mis números tenían que estar bien o yo estaría en problemas. De igual modo, estaría en problemas si le realizaba preguntas estúpidas, así que tenía que aprender rápido. Si bien no estoy abogando por las dictaduras, la disciplina de un diario llenado y realizado estrictamente es algo que yo recomiendo mucho y acerca de lo que hablaré más en este libro. Al haber sido arrojado a lo más hondo, yo tenía que aprender a nadar.

Este concepto de Biblia del tiempo ha alzado la cabeza de muchas formas en muchos conceptos de manejo del tiempo durante los años y es uno que he usado en una versión modificada para llevar mi diario durante los últimos tres años. Al realizar siempre ciertas cosas a ciertas horas ellas rápidamente se vuelven un hábito y dejan de ser difíciles. Este era ciertamente el caso con el método que me dijeron que tenía que usar para desarrollar mi base de clientes, esos de la llamada en frío. ¡Al principio hacer 40 llamadas en frío al día me hacía sentir enfermo! Apenas podía ir a dormir el domingo, ya que la sensación de enfermedad en mi estómago al pensar en la semana que tenía delante con su constante rechazo me hacía permanecer despierto.

Pero yo no pretendía fallar y uno de mis colegas se propuso ayudarme con la psicología del teléfono y donde obtener listas de personas que podrían estar interesadas en mi nuevo 'libreto'. Hasta este día él es probablemente una de las razones principales por las que yo he continuado y decidido que la falla no es una opción.

Rápidamente me volví un experto en el teléfono. La llama del frío no es algo por lo que realmente abogue en estos días, sin embargo, las habilidades que aprendí me han sido de gran ayuda hoy, ya que las comunicaciones siguen siendo una de las mayores herramientas de nuestras operaciones. Yo cuento entre algunos de mis mejores clientes y amigos a algunas de las personas a las que originalmente llame en frío en esos primeros días.

La mayoría de mis compañeros me trataron como un nuevo interno, con asco y desprecio. Ahora entiendo que todo lo que estaban haciendo era continuar una cadena de comportamiento que había y con cómo ellos habían sido tratados cuando eran internos. Cuando mi producción sobrepasó la de ellos y mi estado de interno fue cosa del pasado, los comentarios malintencionados pronto se desvanecieron. Hay unos cuantos pocos de los 60 o más trabajadores en la gran oficina abierta que hasta el día de hoy continúan siendo mis amigos.

Eso fue por asociarme y aprender de aquellos pocos consejeros, quienes tienen una gran ética de trabajo y trataban a sus clientes bien, eso es lo que yo aprendí, lo básico.

Al evitar las muchedumbres en la 'máquina de café' o 'enfriadora de agua' evitaba la negatividad que prueba la caída de muchos nuevos ingresantes en este negocio.

Fue en este tiempo que me fue presentada una idea pasada de moda de la 'venta perfecta', con una apertura, unas cuantas etapas en el medio y repetidamente un 'cierre' ¡hasta que el prospecto se rendía y decía si! No es muy útil estos días con un público educado que busca sólido consejo de planeación financiera. Pero aunado a este concepto pasado de moda, también se me presentó el concepto del círculo de ventas (ver diagrama 2.1) que aún guarda verdad hasta el día de hoy. Sin importar qué nuevos canales de distribución habrá, sin importar cuántas ventas por Internet y ventas directas ocurren yo creo que siempre habrá un requerimiento de un gran número de personas en el mundo por un encuentro cara a cara con un asesor humano. Y mientras eso sigue siendo cierto, el círculo de ventas necesitará ser completado.

El círculo de ventas empieza por levantar el teléfono o cada vez más frecuentemente en el mundo moderno, la comunicación electrónica. La verdad básica de la materia es que mientras más veces realicemos esta simple tarea, más exitosos seremos. Aprendí del círculo de ventas hace cinco años, había gente enseñándolo hace 50 años y seguirá siendo cierto dentro de 50 años.

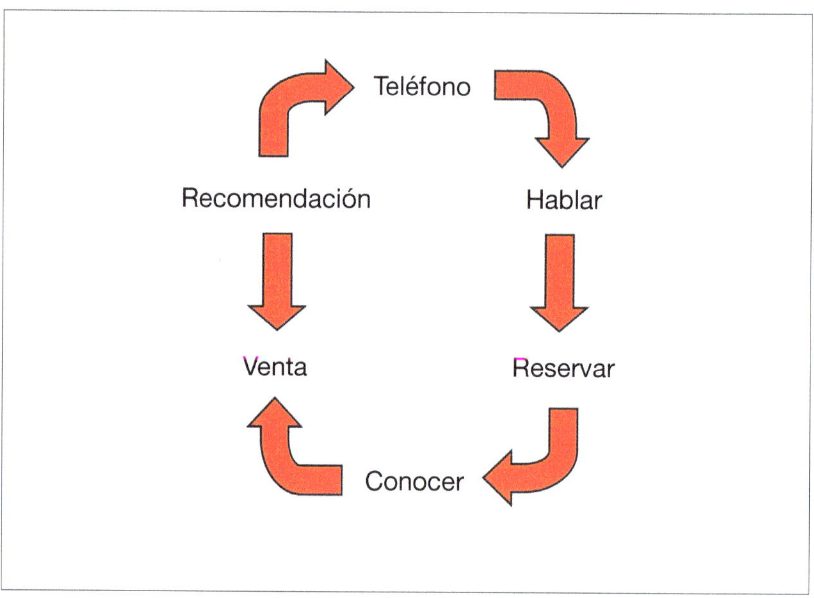

Diagrama 2.1 – El círculo de ventas

Habiendo hecho contacto, necesitamos hablar con el prospecto y ser capaces de interesarlos lo suficiente en nuestra razón para llamar con el objetivo de programar una reunión. La reunión necesita entonces se realizaba y tenemos que establecer un nivel de confianza antes de que una venta pueda ser hecha.

Finalmente, necesitamos obtener una referencia para que el círculo esté completo y tengamos un nuevo nombre a quien llamar. Tan simple y sin embargo frecuentemente olvidado, mientras luchamos para obtener para nosotros mismos la última tecnología, el siguiente gran consejo de ventas o el conocimiento técnico actualizado. Todos factores importantes, pero sin uso si no tenemos nombres a quienes llamar y nada que decir.

CAPÍTULO 3

Cómo empezar (¿otra vez?)

Soy un gran creyente en las referencias, ganadas con el respeto del cliente, y el capítulo 6.5 está dedicado justamente a eso. Sin embargo, todos debemos empezar en algún lado. Como escribía antes el método que me forzaron a usar fue la llamada en frío. Este método, gracias a Dios, ya no es favorecido. Como asesores financieros, nuestro tiempo siempre debería estar mejor utilizado adquiriendo habilidades en otras áreas.

Si tú realmente eres nuevo y quieres llamar a las personas, pero no tienes en absoluto ningún nombre, puedes empezar con aquellos que están a tu alrededor, tus amigos, familiares y antiguos colegas. Si tú prefieres un enfoque un poco más remoto, considera comprar una lista de datos de una compañía con reputación que cumpla con las leyes de protección de datos y donde los nombres cuesten una cantidad relativamente pequeña (consistente con tu mercado objetivo predefinido, más de esto después).

Cualquier nombre con el que tú tengas una conexión, sin importar cuán tenue sea esta, es mejor que una llamada en frío. Si el nombre fue previamente comprado para ti o tu compañía en alguna forma entonces esa es una grandiosa forma de comenzar. Conozco muchos asesores que tienen una base de datos de clientes muy grande con nombres y sin embargo todavía se preocupan constantemente acerca de nuevos negocios.

Si tú eres nuevo y ya tienes algunos nombres, tal vez tú has heredado una base de clientes porque han dado una lista de 'huérfanos'. Si tú eres experimentado y ya tienes una base de clientes, pero estás inseguro acerca de llamarlos o hablarles para desarrollar más negocios estarás sin duda familiarizado con ese sentimiento (usualmente al inicio del mes) de no saber de dónde viene la siguiente oportunidad de negocios. Aquí está como desaparecer ese sentimiento para siempre:

La solución es un cuadro de oportunidades (nota: Apéndice A-1) Mira el diagrama 3.1. Para crear el tuyo, toma una larga hoja de papel cuadriculado o abre una nueva hoja de cálculo en tu computadora. En la parte superior escribe los nombres de todos los productos que vendes. Debajo, escribe los nombres de todos tus prospectos o clientes.

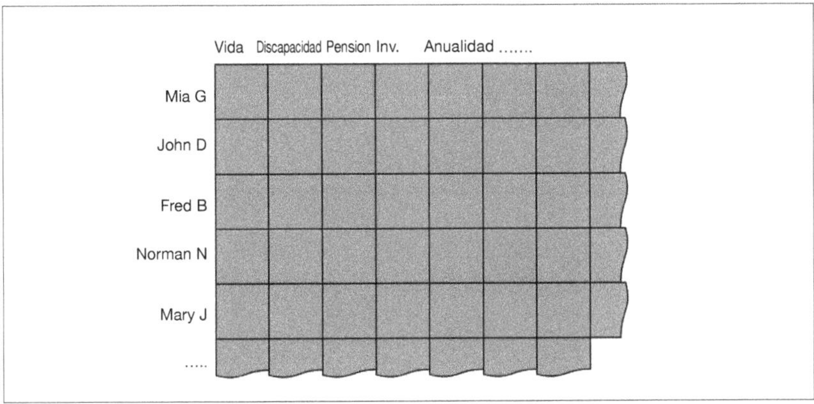

Diagrama 3.1 – El cuadro de oportunidad

Entonces cualquier producto de un cliente ha comprado debe ser coloreado de rojo. Cualquier cuadro que no sea relevante, debe ser coloreado en negro (por ejemplo, una persona soltera joven puede no necesitar cobertura de vida y un plan de retiro no estará dentro de sus planes). Ahora trabaja coloreando cualquier cuadro apropiado en rojo o negro. Si un cuadro está en blanco, no hay excusa para no contactar a alguien que tenga una razón potente para vernos. Tu primero averigua si ellos tienen el producto, luego si necesitan el producto. Si ellos lo tienen, envía una carta de autoridad para ganarle a la agencia y si no programa una cita para conversarlo.

Si hablas con alguien y les dices acerca de un producto, pero ellos no la han comprado todavía, colorea la mitad del cuadro.

La verdadera clave para un inicio rápido en tu carrera o reenergizar tu negocio es si tienes un montón de cuadros rojos o negros bajo cada tipo de producto. Si ese es el caso, considera una campaña. (Ver diagrama 3.2) por ejemplo, si encuentras que no muchas personas tienen un producto de inversión particular entonces arregla que una compañía especializada en este producto te proporcione una carta de muestra y genérica de información del producto para que puedas enviarla por correo. Sigue los correos cuidadosamente, así como las llamadas de teléfono y tú estarás sorprendido por el número de citas que seguirán. Esto es porque tú ya tienes identificada una necesidad del prospecto o cliente y tú tienes una razón genuina y honesta para una reunión. Mientras tú obtengas los detalles básicos acerca del prospecto, tales como fecha de nacimiento, tú también puedes asistir a la reunión con una ilustración específica preparada.

Pon este cuadro en la pared de tu oficina donde el personal y los clientes lo puedan ver. Recuerda que lo tiene números, entonces eso significa que no

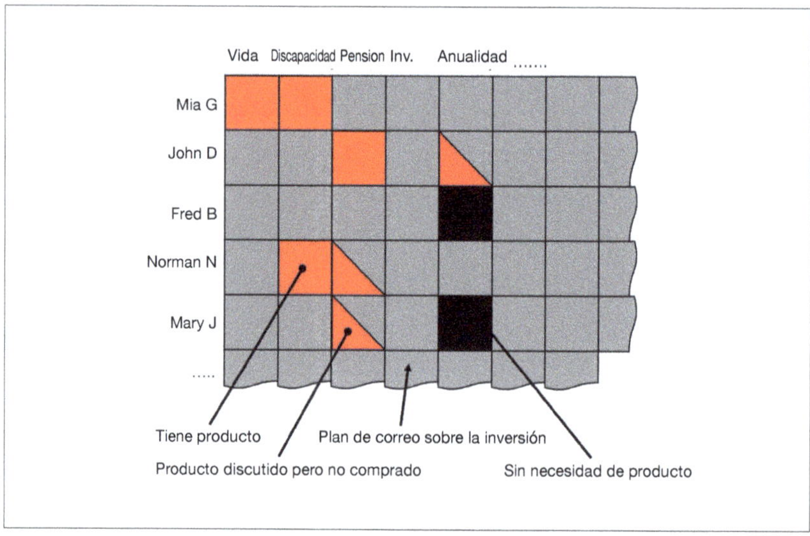

Diagrama 3.2 – El cuadro de oportunidad

ocurre ninguna brecha de confidencialidad. Si estás preocupado, simplemente usa las iniciales del cliente. Cuando los clientes llegan ellos pueden preguntar frecuentemente de qué se trata el cuadro. ¡Explica, mostrándoles su línea y resaltando la falta de cuadros rojos! Ofrece darles una impresión de su línea o imprimir su línea y mostrarla en el frente de su fila. ¡Tú encontrarás que ellos comienzan a preguntarte acerca de nuevos productos para que ellos puedan completar su línea!

Este cuadro de oportunidad es una excelente herramienta para usarse al inicio de un nuevo año, para determinar dónde deben concentrarse nuestros esfuerzos iniciales y para desvanecer aquellas tristezas de los primeros de enero acerca de dónde vendrá el trabajo.

Puede ser usada de muchas otras formas, por ejemplo, para determinar necesidades de formación y programaciones. A lo largo de la parte superior, escribe áreas de habilidad que deseas adquirir. Escribe la lista de nombres del personal a la izquierda. Luego colorea los cuadros y tal vez añade fechas para la capacitación que es dada. Este cuadro puede entonces formar una parte integral de tu archivo de capacitaciones y competencias.

Tú puedes desear usar el cuadro para enumerar oportunidades de negocio mutuas a lo largo de la parte superior y presentadores profesionales al lado, enviando correos regulares a los presentadores acerca de las muchas formas en las cuales ustedes pueden trabajar juntos, o en otras palabras usando el cuadro para registrar la educación de los presentadores.

Estoy seguro de que puedes pensar en muchas más formas de usarlo.

Este concepto, llevado la vida en 3D también puede usarse para irrumpir en nuevos mercados, tales como el de dueños de negocios. Frecuentemente el problema con hacer contactos con un "lead" no referido, especialmente aquellos con alta posición en la escalera corporativa (y por lo tanto más difíciles de alcanzar) es realmente poder hablar con la persona correcta. Este así llamado 'cuidador de puertas' eran frecuentemente un azote en mi vida en mis días de llamadas en frío. La siguiente idea usualmente da como resultado una conversación con el prospecto objetivo.

El rompecabezas

Compra un rompecabezas de madera para niños, con aproximadamente 6 a 10 piezas solamente.

Saca la misma pieza de todos ellos, ponla a un lado y envía el resto del rompecabezas a tus prospectos. Recuerda, si realmente no tienes ningún prospecto, deberías decidir tu mercado objetivo, por ejemplo, negocios locales con un propietario o emprendedor y obtener una lista de ellos. ¡Puedes comprar estas listas o hacerlas por ti mismo caminando con un lapicero y papel y tus ojos bien abiertos! Simplemente decide quién te gustaría como prospecto y aproxímate a ellos con el rompecabezas por correo.

Luego haz seguimiento con una llamada, explicando que fuiste la persona que envió el rompecabezas. La mayoría de los receptores estarán esperando decirte que falta una pieza (siéntete orgulloso de que hayan intentado completarlo). Sigue explicando que tú tienes la pieza faltante y que te gustarían unos cuantos minutos de su tiempo para explicarles por qué se lo mandaste.

Cuando subsecuentemente conozcas al prospecto, toma una foto de un rompecabezas mostrando los productos que vendes (ver diagrama 3.3). Pídeles que descarten cualquiera de las piezas que ya tengan (vida, discapacidad, etcétera).

Luego explica que te gustaría trabajar con ellos en las piezas faltantes. También explica el rompecabezas no tiene bordes y que no hay foto en la caja.

Esto es porque siempre está creciendo, y porque como no tiene bordes ni foto, ellos necesitan la ayuda del experto en rompecabezas - ¡tú! Al comprar tus servicios, tú los ayudarás a tener la foto completa, proporcionando más piezas de las requeridas y removiendo aquellas que ya no calzan más.

El ejemplo arriba muestra solo cuatro productos. El tuyo puede tener tantas piezas como productos tengas acerca de los cuales aconsejar.

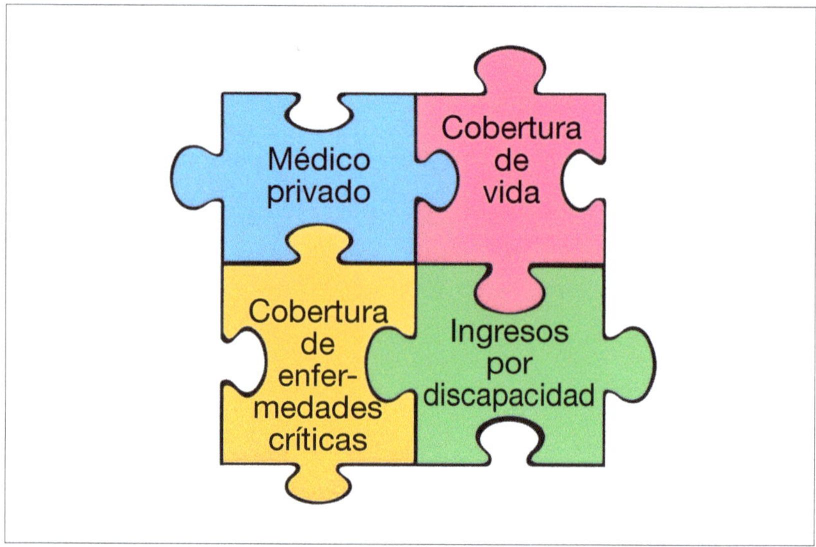

Diagrama 3.3 – El rompecabezas

No hay piezas que ellos no necesiten aún (cuidado a largo plazo para clientes jóvenes, etcétera) y hay piezas que ellos necesitarán que aún no han sido inventadas (nuevos productos, cambios en la ley de impuestos) así que siempre recomienda que tú y ellos estén en contacto regularmente.

Una vez que has completado los negocios y ellos ya son un cliente, envía una copia revisada del rompecabezas, mostrando lo que tienen y que está faltando con breves detalles de cuáles son las piezas faltantes y las primas para tus recomendaciones.

¡Tú hallarás que los clientes comienzan a llamarte para que les expliques acerca de que ellos tienen que comprar otra pieza del rompecabezas y nuevos prospectos llamándote de los cuadros azules que desean verte porque su amigo les contó acerca de la pieza del rompecabezas que ellos deberían estar comprando!

CAPÍTULO 4
El plan de negocios

Ahora nosotros hemos visto cómo generar un flujo constante de prospectos, necesitamos estar seguros de que nuestro negocio es sólido. Así es como no nos volvemos parte de las estadísticas que dicen que dos de cada tres nuevos negocios fallan en los primeros tres años y que tenemos un camino por recorrer. No está bien hacer un gran esfuerzo por ganar nuevos clientes y luego encontrar que no podemos conservarlos porque nuestro negocio no funciona eficientemente. Las medidas de estadísticas vitales son críticas en cualquier negocio e incluso más aún en los servicios financieros. Si nosotros no sabemos dónde estamos en términos de ventas, flujo de caja, ingresos, gastos y así sucesivamente, no podemos decirles a donde estamos yendo y no sabremos si estamos mejorando

Escribí antes que a pesar de haber sido tratado correctamente no estaba emocionado de ser uno de los pocos seleccionados en ser tomado como nuevo interno y consultor financiero. Yo creo que mi empleo fue debido en parte al hecho de que yo tenía preparado un completo plan de negocios.

Incluso al principio yo comencé a practicar hábitos que pudieran ponerme en buena posición después. Yo compré y leí una guía acerca de cómo escribir un plan de negocios. Gracias a mi perfil, fui capaz de hacer que fuera visualmente atractiva, pero fue el contenido el que contó. Mis empleadores potenciales podían ver que había puesto mucho trabajo y esfuerzo en él y que yo tenía compromiso. ¡Podía ver que, si yo llevaba a cabo mi plan, el éxito se encontraba a la vuelta de la esquina!

Un plan de negocios debería ser para trabajarlo con el usuario, no solo para impresionar a un gerente de banco. Un plan de negocios toma por lo menos un día completo en realizarse, tal vez más y para hacerlo adecuadamente necesitamos estar armados con todas las estadísticas vitales que necesitamos. Los números necesitan ser exactos y detallados. Esto puede ser frecuentemente una tarea para muchos asesores, ya que a veces nos dejamos llevar por los conceptos amplios y solamente queremos obtener a un cliente que requiera asesoría. Para desarrollar un negocio exitoso los cimientos del negocio financiero deberían estar en su lugar firmemente. Me hubiera gustado saber entonces todo lo que sea ahora, ya que me hubiera ahorrado mucha agonía financiera, conversaciones con gerentes de bancos y dinero pagado en tarifas.

Un plan de negocios completo también tendrá en cuenta aspectos no financieros, tales como nuestros objetivos para el negocio y las cosas materiales que podríamos querer adquirir.

Este capítulo tratará solo con la planeación de tiempo y dinero, pero para más información en la creación de planes de negocio y establecimiento de objetivos, mira el apéndice B y el capítulo 11 respectivamente.

Es imperativo que hagamos seguimiento de nuestros números de ventas, más de esto en el capítulo 7, pero igualmente importante que hagamos seguimiento de nuestros gastos de negocio. La tarifa del tren aquí, algo de gasolina allá, hasta el costo de imprimir una revista para clientes o pago de personal, todos ellos suman.

Yo recomiendo enumerar todos tus gastos bajo un número de encabezados. Por supuesto, mantener un registro de los costos anuales para un entendimiento inmediato y una reconciliación mensual es un imperativo. Mantén los costos fijos y los costos variables por separado. Tú también podrías querer multiplicarlos si tienes numerosos asesores en tu equipo o empresa. Esto es porque es frecuente el caso en que con la adición de otro miembro a tu equipo los costos fijos permanecen estáticos, pero los costos variables se incrementan. Por ejemplo, al tomar un asistente, los pagos del alquiler y limpieza de oficina siguen siendo los mismos, pero las facturas de servicios y el uso de papel se incrementarán. Otro gran gasto son los impuestos. Siempre incorpóralos cuando estés planificando salarios del personal o aparta los montos si tú eres autoempleado.

Recuerda registrar los costos de marketing y tarifas regulatorias. Hay un número enumerado en mi ejemplo, pero estoy seguro de que puedes pensar en uno propio. Recuerda que este plan es para tu uso, así que no necesita adherirse a los estándares de contabilidad o ser costoso. Este simplemente debería asegurarse de que la información que necesitas está en la punta de tus dedos para asegurarse que tú eres rentable. Recuerda volver a él y actualizarlo cuando sea requerido. ¡No aconsejaríamos a los clientes invertir en una compañía que no ha tenido un plan financiero o no conoce cuáles fueron los impuestos y los gastos, así que no deberíamos ser nosotros mismos esa compañía!

Veremos en capítulos posteriores como unir esta información con las estadísticas vitales de nuestro plan de negocios, para que así sepamos el nivel exacto de actividad que necesitamos con el fin de alcanzar nuestros objetivos.

Parte del plan de negocios debería ser para vaticinar un año adelante. Toma un planificador de año completo y comienza con el ítem más importante -Tú. Tacha en el planificador todos los días festivos que planeas tener durante el año, así como cualquier otro tiempo libre, como días festivos públicos y fines de semana.

Luego marca algunas fechas conocidas que evitarán que veas clientes, como conferencias. Lo que queda es el número total de días laborales que tienes para alcanzar tus metas.

Si tienes 200 días disponibles para trabajar y un objetivo de 100,000 libras es fácil de ver que necesitarás un promedio de por lo menos 500 libras por día para alcanzar tu objetivo.

Tener planificado tu año y determinado cuantos días tienes disponibles te permite ahora planificar tus días para estar seguro de que alcances tu objetivo. Aquí es donde el plan de éxito tiene cabida.

Es lo que haces con cada y todos los días lo que determinará tu éxito. Ya sea que hayas tenido éxito o fallado no debería ser una opinión hecha a la medianoche del 31 de diciembre cada año sino cuando tú dejas de trabajar cada noche.

En el capítulo 2, yo introduzco la idea del círculo de ventas.

En los siguientes capítulos vamos a ir a través del círculo de ventas en detalle y también del plan de éxito. El plan de éxito es un sistema de una página para hacer seguimiento a la actividad y producción y muestra cómo incrementar el éxito en todas las áreas de tu vida, así como multiplicar la producción.

SECCIÓN 2
EL PLAN DE ÉXITO

CAPÍTULO 5

El plan de éxito -Una visión general

La pregunta es: Como asesores, ¿cuánto valemos?

O para ponerlo de otra forma, si la Comisión fuese abolida y tuviéramos que cobrar una tarifa por hora, ¿cuál sería? Escribe tu propio número en el espacio de abajo (Diagrama 5.1)

Diagrama 5.1 – Tarifa por hora

Voy a resumir los siete objetivos clave del plan de éxito que cubriremos en los siguientes capítulos. Para el final del capítulo siete sabremos cómo garantizar el éxito cada día, mes y año al tener un poderoso conjunto de objetivos diarios.

Primero, aprenderemos la fórmula para calcular nuestro verdadero valor por hora y veremos cómo amplificarlo masivamente. Luego descubriremos maneras de multiplicar el alto valor del tiempo cara a cara con los clientes, referencias obtenidas y tiempo personal o familiar. Encontraremos la forma de cómo disminuir el tiempo que pasamos en administración, como automatizar el proceso de ubicar prospectos y cómo erradicar los viajes. Yo llamo a todo lo de arriba el plan de éxito, y vamos a ver cómo realizar el plan de éxito al usar tan solo una hoja de papel. Funcionará junto o en lugar de nuestro sistema diario actual y será compatible con cualquier forma de trabajar, ya sea que trabajes para una compañía o para ti mismo como un independiente. Funciona en cualquier país, ya sea que recién hayas comenzado o ya seas un asesor experimentado. Una vez que los procedimientos son realizados, veremos todos en los siguientes capítulos, toma solo 5 a 10 minutos por día mantenerlos, con tal vez 30 minutos una vez al mes para reflejar y planificar.

Para determinar cuál será la tarifa horaria, he realizado una encuesta entre los asesores financieros, tanto empleados como independientes, en un número de las reuniones financieras regionales de planificación en las cuales cuyo orador y mientras escribía este libro (2001 - 2002). El monto promedio fue de 150 libras por hora con la mayoría de las respuestas entre 100 y 200 libras. Sin embargo, estas fueron frecuentemente cifras a ojo de buen cubero, así que realiza una fórmula para permitir a cualquiera calcular tu verdadero valor por hora. No te preocupes, la fórmula es tan simple como el A, B, C y está impresa en la siguiente página (diagrama 5.2) junto con algunas cifras de muestra.

Nosotros simplemente tomamos nuestra producción anual, ya sea histórica (año pasado) o el objetivo de este año, depende de nosotros y la escribimos en el cuadro A. Para el ejemplo he escogido una producción anual de 80,000 libras como una cantidad razonable, pero no tan próxima a las mágicas 100,000 libras que muchos de nosotros luchamos por alcanzar. Luego escribimos en el cuadro B1 las horas por día que nosotros trabajamos. El ejemplo muestra ocho récords de la industria a pesar de lo que muestra muchos asesores trabajan mucho más que eso en un día.

Finalmente, llegamos en el cuadro B2 el número de días por año trabajado. El ejemplo es 200, opuesto de otra manera cerca de 40 semanas, lo cual es probablemente correcto para alguien que nunca trabaja los fines de semana, nunca trabaja en feriados públicos asiste a las conferencias MDRT nacionales e internacionales y otra convención, se toma siete semanas de días festivos y nunca se enferma! En otras palabras, un año muy idealista y uno que muchos de nosotros probablemente solo podríamos soñar en realizar.

Ahora multiplica el cuadro B1 por el cuadro B2 para calcular cuantas horas al año trabajamos y escribimos en el cuadro C. Finalmente, divide la producción anual A entre el número en C. Esa es nuestra tarifa por hora. En el ejemplo funciona a 50 libras por hora.

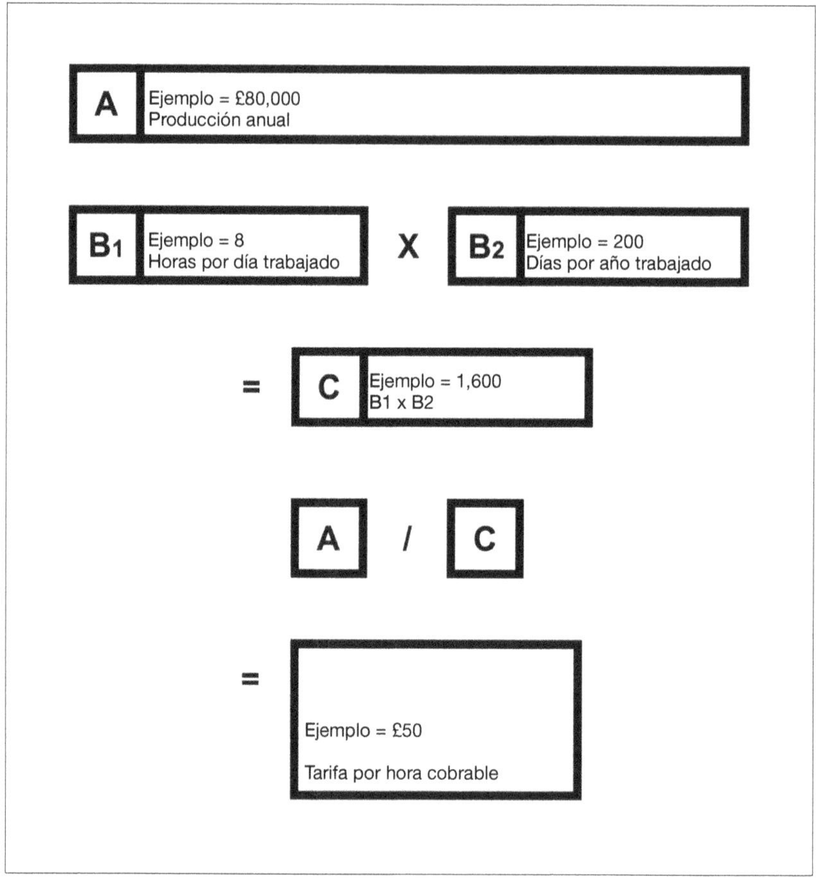

Diagrama 5.2 – Fórmula de la tarifa horaria

El diagrama 5.3 es una tabla que muestra cómo la producción mensual o anual se traduce a tarifas horarias.

Producción anual	Producción mensual	Días trabajados	Verdadera tarifa por hora
			8 horas al día
			1600 horas al año
25000	2083.33	200	15.63
50000	4166.67	200	31.25
63000	5250.00	200	39.38
80000	**6666.67**	**200**	**50.00**
100000	8333.33	200	62.50
150000	12500.00	200	93.75
160000	**13333.33**	**200**	**100.00**
189000	15750.00	200	118.13
240000	**20000.00**	**200**	**150.00**
250000	20833.33	200	156.25
320000	26666.67	200	200.00
350000	29166.67	200	218.75
378000	31500.00	200	236.25
400000	**33333.33**	**200**	**250.00**

Diagrama 5.3 – Tarifas horarias

La cifra de 50 libras por hora en nuestro ejemplo estuvo al final de las cifras que la mayoría de los asesores considerarían cobrar. Y tú puedes ver que el ejemplo fue bastante generoso. Cualquiera que alcanza una producción de 80,000 libras al año trabajando largas horas o tomándose menos días festivos, enfermándose solamente de vez en cuando, o trabajando el fin de semana podría tener una cifra más baja de 50 libras por hora. Para muchos asesores este ejercicio es muy aterrador porque tendemos a solo trabajar cuando se nos presenta trabajo y dejamos que todo el año se pase. Estoy seguro de que debe haber incluso unas cuantas personas leyendo esto que incluso no saben cuántos días trabajan cada año. E incluso puede haber unos cuantos que luchan por recordar la última vez que trabajaron un día de ocho horas y tuvieron más de una semana de descanso.

Lo que ocurre usualmente cuando las personas ven esta tabla es que aquellos de ustedes que consideraban que cobrarían 100 libras por hora, se dieron cuenta de que están produciendo menos de 13,000 libras cada mes. Y aquellos que consideran que cobrarían cerca de 200 libras por hora no están cerca de las 250,000 libras aún.

Dale una mirada a una tabla más, mostrada en el diagrama 5.4. Algunos dirían que esta es una tabla más realista que la última porque el ejemplo muestra a alguien que trabaja unas 14 horas por día un día de fin de semana de vez en cuando, trabaja en unos cuantos días festivos públicos y se toma solo dos semanas de días festivos por año. En otras palabras, 275 días o 3,850 horas por año. O yendo por los registros de la industria, más típico de la mayoría de los asesores financieros

Si relacionamos estas horas en nuestro ejemplo de 80,000 libras por año podemos ver la tarifa horaria reducida de 50 libras por hora a solo un poco sobre las 20 libras por hora.

Producción anual	Producción mensual	Días trabajados	Verdadera tarifa por hora
			14 horas al día
			3850 horas al año
25000	2083.33	275	6.49
50000	4166.67	275	12.99
63000	5250.00	275	16.36
80000	6666.67	275	20.78
100000	8333.33	275	25.97
150000	12500.00	275	38.96
160000	13333.33	275	41.56
189000	15750.00	275	49.09
240000	20000.00	275	62.34
250000	20833.33	275	64.94
320000	26666.67	275	83.12
350000	29166.67	275	90.91
378000	31500.00	275	98.18
400000	33333.33	275	103.90

Diagrama 5.4 – Tarifas horarias

Lo que podemos ver en este diagrama es que alguien que trabaja tan duro y considera su valor en 50 libras por hora debería estar entre los principales MDRT de la tabla (ver apéndice A). Una respuesta más usual es una sensación graciosa en el estómago a medida que nos damos cuenta de que no estamos conscientes de nuestro verdadero valor y que hemos estado cobrando demasiado poco a nuestros clientes por el duro trabajo que realizamos por ellos. También podemos ver que hemos estado trabajando como profesionales de servicios financieros y aun así ganando la tarifa horaria de un secretario administrativo.

¿Cuántos de nosotros que estamos leyendo esto trabajamos más de ocho horas al día o 200 días al año y lo alcanzamos la producción que deberíamos tener? - ¿POR QUÉ?

Para descubrir esto, necesitamos analizar exactamente qué hacemos todos los días. La llave para el plan de éxito es tener objetivos diarios y alcanzarlos. Hay una pregunta antigua que dice "¿Cómo comes un elefante?" La respuesta es, por supuesto, "en pedazos pequeños".

Y eso es lo que tenemos que hacer con nuestros objetivos. Desglósalos en pequeñas piezas.

Con 100,000 libras como un objetivo anual y trabajando 48 semanas al año esto nos deja un objetivo semanal de 2,083 libras. Si tenemos un promedio por caso de 520 libras, esto significa cuatro ventas. Nosotros asumimos que tenemos reuniones con ocho clientes para cerrar los cuatro casos requeridos a una hora por reunión. Esto significa solo ocho horas de las 40 disponibles en la semana enfrente de clientes.

Voy a realizar la pregunta planteada al principio del capítulo otra vez: Como asesores, ¿cuánto valemos?

Cuando estamos cara a cara con clientes valemos 260 libras por hora - esas son 2083 libras de producción semanal divididas por ocho horas con clientes.

El resto del tiempo estamos ganando 26 libras, 16 libras o incluso 6 libras por hora trabajada. Cuando no estamos viendo clientes estamos haciendo trabajo que alguien más puede hacer por un precio mucho menor que el que nosotros cargamos.

¿Estarías ganando 260 libras o 26 libras por hora?

Pregunta: ¿Cómo pasamos desde 26 libras por hora a 260 libras por hora?

Respuesta: Deja de hacer tareas de 26 libras por hora.

Para determinar cuándo estamos haciendo tareas de 260 libras por hora y cuando estamos haciendo tareas de 26 libras por hora debemos registrar nuestro tiempo cuidadosamente. Aquí es donde la parte principal del plan de éxito entra en juego.

El siguiente ejercicio nos mostrará como incrementar masivamente nuestra productividad. Primero, debemos dividir nuestro ingreso en meses, semanas, días, horas, segmentos de 15 minutos. Como dije, muchos de nosotros ya tenemos un diario establecido así - eso está bien. Si no, usa la página del planificador del éxito (ver diagrama 5.5). He usado segmentos de 15 minutos, pero muchos están adoptando el sistema usado por la mayoría de las prácticas legales de segmentos de seis minutos. Mi experiencia muestra que usar segmentos de 15 minutos están bien para hacer seguimiento de ventas personales y cifras de producción, pero si tú también usarás el planificador

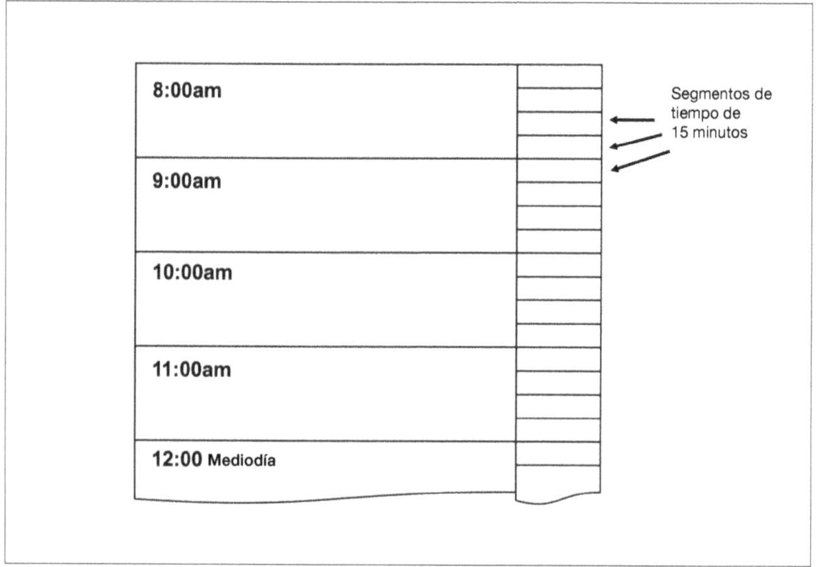

Diagrama 5.5 – Segmentos de 15 minutos

diario para hacer seguimiento de casos en los que estás trabajando por tarifa cargada (ver capítulo 8), yo sugiero segmentos de seis minutos que dan una mayor exactitud.

Un consejo muy útil y productivo para incrementar automáticamente nuestra productividad por 8%, o para tomar cuatro semanas extra de días festivos por año es dividir nuestro año en 13 'meses' de cuatro semanas cada una (52 semanas) en lugar de 12 meses (48 semanas). Haz esto con tus registros personales incluso si tu compañía no trabaja de esa manera.

El diagrama 5.6 muestra un diario típico para un asesor. El asesor tiene citas en varios días durante la semana y para el observador casual parece ser un diario completo, tal vez el de una persona muy ocupada. Pero en una inspección más cercana podemos ver que algunas cuantas de las entradas que se ven como citas, son realmente algo más, como una cita para almorzar con un amigo, una reunión de revisión con un gerente, recoger el auto del garaje y así sucesivamente. Y las citas importantes que han sido escritas de manera inusualmente larga, dando el efecto de un día completo, pero en realidad solamente tomando una hora o dos. ¡En realidad, se trata de mi viejo diario!

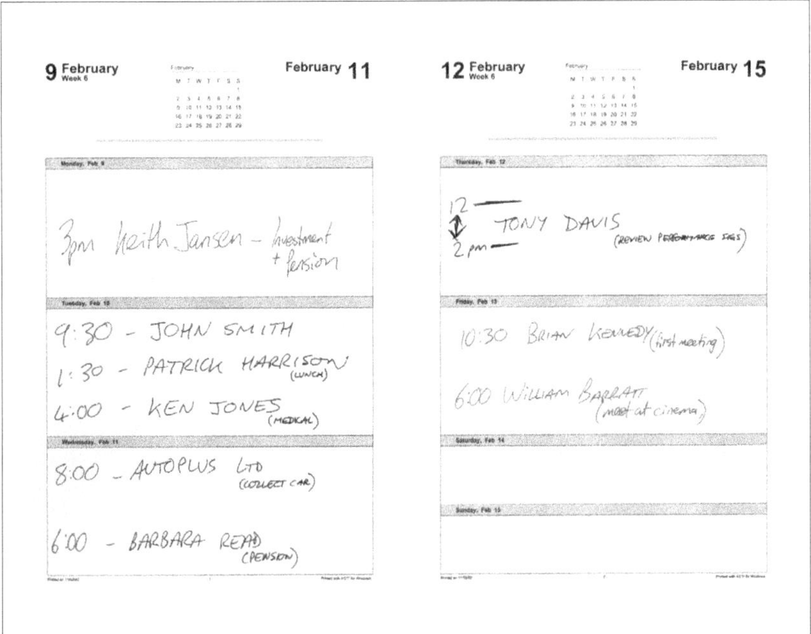

Diagrama 5.6 – Viejo diario

Mostrado en el diagrama 5.7 está un día de mi diario actual usando los principios del plan de éxito. Me gustaría señalar dos cosas. La primera es que cada hora está partida en segmentos de 15 minutos, desde las 8 am hasta las 6:00 pm. La segunda es que algunos de los segmentos están sombreados. Estos principios y otros son explicados en el siguiente capítulo.

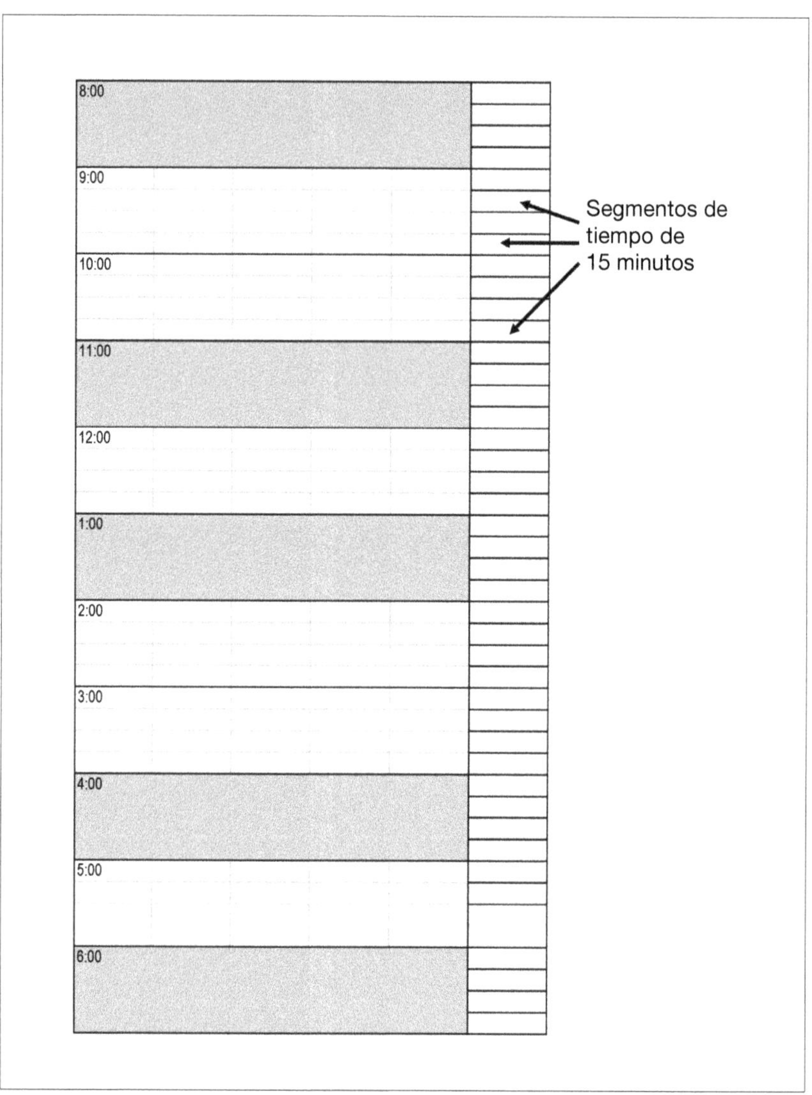

Diagrama 5.7 – Segmentos de 15 minutos más sombreado

CAPÍTULO 6

El plan de éxito - Colores

Vamos a regresar a los segmentos de 15 minutos (ver apéndice A-2). Esto es crucial para nuestro éxito. Vamos a necesitar salir y comprar cinco nuevos lapiceros. Uno rojo, uno azul, uno verde, uno amarillo y uno negro (ver diagrama 6.1).

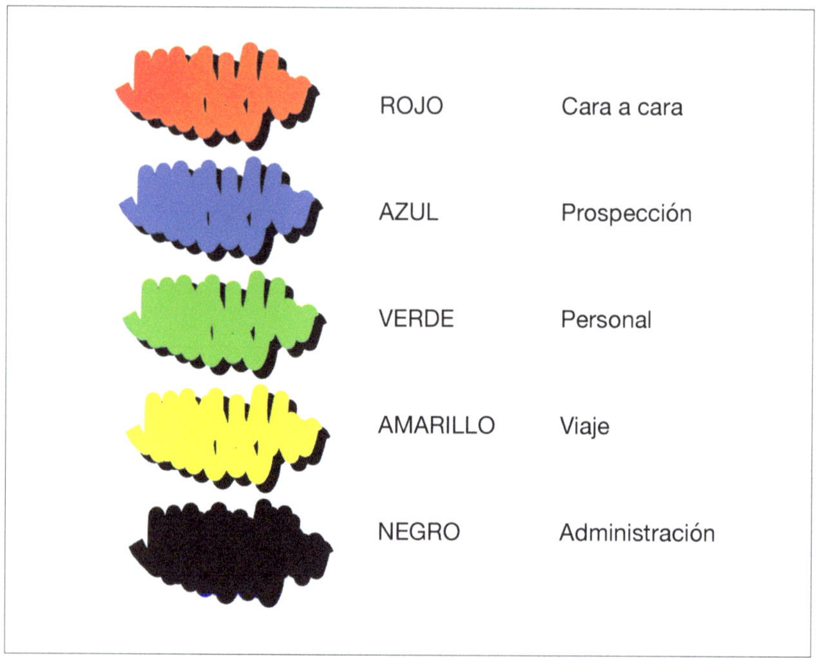

Diagrama 6.1 – Los colores

Incluso si ya tenemos cinco lapiceros de estos colores necesitamos salir y comprar algunos más. Voy a explicar por qué. A medida que cada segmento de 15 minutos del día pase, coloreamos un segmento en nuestro plan de éxito.

Rojo – Si estuvimos cara a cara con clientes
Azul – Si estuvimos buscando prospectos
Verde – Si era tiempo personal o familiar
Amarillo – Si estuvimos viajandog
Negro – Si estuvimos envueltos en trabajo de administración

La razón por la que debemos comprar cinco nuevos lapiceros es si no estamos como estábamos hace cinco años, ¡el negro se acabará mucho antes que los otros! Y el amarillo no durará mucho...Y aún tengo el rojo original, ¡no estoy bromeando!

Al final de cada día, pasamos cinco minutos calculando el porcentaje de tiempo que empleamos en cada color.

Hay una parte de un día típico coloreado en el diagrama 6.2.

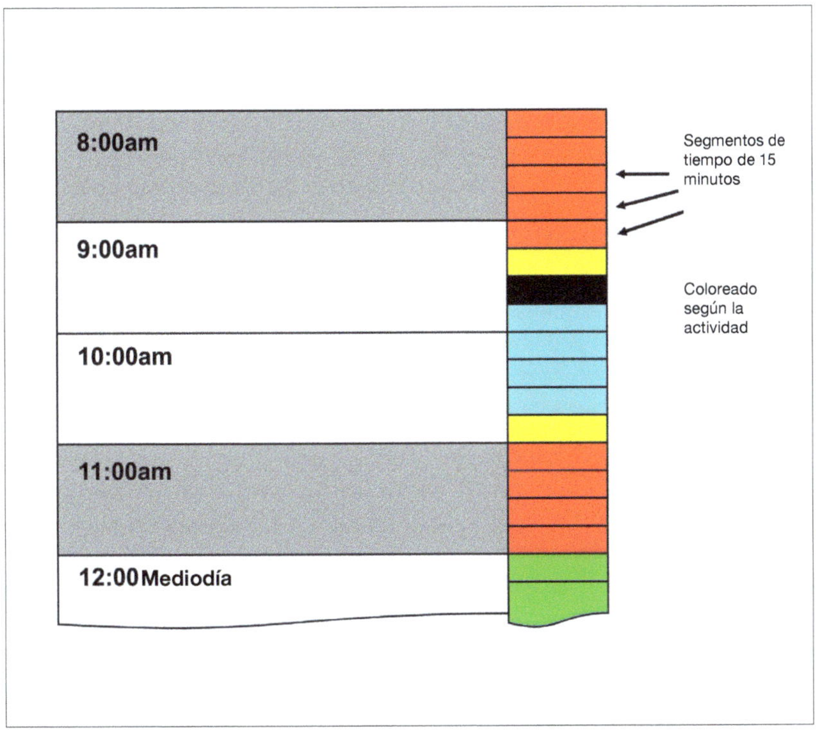

Diagrama 6.2 – Segmentos de 15 minutos -Coloreados

Estoy seguro de que para muchos que leen esto, al haber completado el planificador por al menos cuatro semanas, encontraremos que más del 50% de nuestro diario está coloreado en negro, no más de 20% es rojo y hay poco verde y mucho amarillo.

¿Cómo incrementamos el rojo (260 libras por hora) y el verde (tiempo personal) y disminuimos el azul, amarillo y lo más importante, el negro?

6.1 Rojo - cara a cara

Veremos cada color en turnos. Lo primero y más importante es cómo incrementar el tiempo en rojo. Vamos a ver cómo incrementar la cantidad de tiempo que gastamos con clientes y cómo obtener un día adicional cada semana. Mira el diagrama 5.7 otra vez y date cuenta de las áreas coloreadas.

Estos son los espacios para las reuniones. Estas son las únicas ocasiones en que podemos ver personas en ese día. Lo que hemos hecho es poner objetivos en nuestro diario. ¡Esto significa que las cosas ocurrirán!

Primero, activamos el mecanismo de establecimiento de objetivos en nuestras cabezas para comenzar a llenar los espacios. Al tener espacios específicos que llenar no podemos empezar de repente a escribir al doble de nuestro tamaño normal para llenar el día y engañarnos a nosotros mismos con que estamos ocupados. Inmediatamente encontramos la capacidad hará un número extraordinario de reuniones. Cuando llamamos a los clientes para programar una reunión, de repente estamos en control, no ellos. No más reuniones a las 8 pm en la noche. No hay espacio disponible. No más reuniones a las 12 del mediodía, lo que significa que solo podemos ver una persona en el horario del almuerzo o tendremos que comer en momentos extraños. Los espacios son las 11 am o 1 pm. Punto. Puedes estar pensando "seguramente no puede ser así de fácil" o "eso no funcionará para mí, tengo que ser flexible para mis clientes" o "algunos de mis clientes solamente pueden verme durante la noche".

"¿Es así de fácil?" - ¡Si lo es! Sin embargo, yo podría decirte que si vamos a cambiar drásticamente nuestros hábitos de trabajo deberíamos hacérselo saber a nuestros clientes. Por ejemplo, cuando mi esposa y yo descubrimos que ella estaba embarazada, decidí que cuando mi hijo naciera, solo trabajaría en las noches una vez a la semana. Hasta ese punto yo estaba trabajando casi cada noche. Les escribí a mis clientes, explicándoles lo que se haría y porque lo haría y les preguntaba si ellos necesitarían citas por la noche, para reservarlas. La respuesta de los clientes fue masivamente positiva. Ahora trabajo una noche ocasionalmente y mi producción ha aumentado, no disminuido.

"No funcionará para mí, tengo que ser flexible"- te recomiendo intentarlo. "Yo pienso que no funcionará para mí". Pero no solamente tomes mi palabra acerca de eso. Para mayor prueba, mira otras profesiones, como los abogados o médicos.

Si queremos ver a un abogado, podemos llamar y hacer una cita. Si el abogado que queremos no puede vernos por tres días, ¿qué hacemos? ¿Decidimos que no lo molestaremos con el litigio o lo hacemos nosotros mismos? Por supuesto que no, lo veremos tan pronto como él tenga tiempo de vernos. Si necesitamos una operación aplican las mismas reglas. Si necesitamos a un cirujano especialista, obtenemos un espacio en su diario.

No somos diferentes. Somos especialistas financieros, somos profesionales. Si un prospecto quiere vernos lo suficiente ellos encontrarán un espacio. Si no quieren vernos con mucha urgencia, la dura realidad es que probablemente no eran tan buen cliente o prospecto en primer lugar. Sí, podemos perder unos cuantos clientes, pero si ganamos de vuelta nuestras noches con la familia o hacemos tiempo para practicar un deporte o sea lo que sea que queramos hacer, entonces es un pequeño precio que pagar.

"Mis clientes solamente me verán por las noches, o en el fin de semana" -Dada la elección, muchos clientes no quieren hablar acerca de seguros de vida o inversiones o planes de retiro en absoluto, dejarlos libres en las noches o mañanas del sábado. Como dije antes, si ellos son serios, encontrarán tiempo durante el día. No importa lo ocupados que estén, estoy seguro de que ellos se toman su tiempo para ir al dentista, para llevar a su perro al veterinario o el auto al garaje. Ellos simplemente necesitan hacer lo mismo para sus finanzas.

El diagrama 6.3 muestra mi planeador de éxito para una semana. Observa cómo tengo 17 espacios posibles para citas y no trabajo los fines de semana, llego al trabajo a las 10 de la mañana del lunes, tengo tiempo disponible para almorzar cada día, nunca comienzo a trabajar antes de las ocho de la mañana, salgo del trabajo cada día a las seis de la tarde excepto cuando trabajo hasta las siete de la noche de un martes o salgo temprano a las cuatro de la tarde los viernes. Sea cual sea el espacio de tiempo que alguien quiere, está disponible en algún lugar durante la semana, de 8 am a 6 pm. Realmente no hay excusa para no encontrar un tiempo mutuamente conveniente en las próximas cuatro semanas.

A un trabajo duro, pero incluyendo el almuerzo mi semana tiene potencialmente 45 horas. Más que tu Joe promedio, pero un poco menos que tu asesor financiero promedio. ¿Tengo 17 reuniones siempre todas las semanas? No. Pero tengo muchas más que cuando recién escribí en mi diario y trabajo muchas menos horas. ¡Es una semana enfocada!

Otra forma de incrementar el tiempo rojo es disminuir el tiempo pasado en citas cara a cara con los clientes realizando tareas mundanas, tales como presentarnos a nosotros mismos y a nuestras credenciales y encontrar hechos 'difíciles'. Como ya sirve antes, no soy tan inocente como para pensar que podemos realizar negocios sin ver a nadie y no lo estoy sugiriendo. Siempre hay un requerimiento de encontrarnos y es solo cuando las citas cara a cara se realizan, cuando nosotros como asesores podemos realmente controlar los 'asuntos fáciles', las esperanzas, sueños y deseos de nuestros clientes. Pero piensa en cuánto tiempo podríamos ahorrar si no tuviéramos que pasar la primera cita parloteando y reuniendo detalles de la situación existente. Si todo ya estuviera hecho, podemos pasar la primera cita desarrollando la relación y haciendo lo que nos pagaron por hacer - resolver problemas financieros.

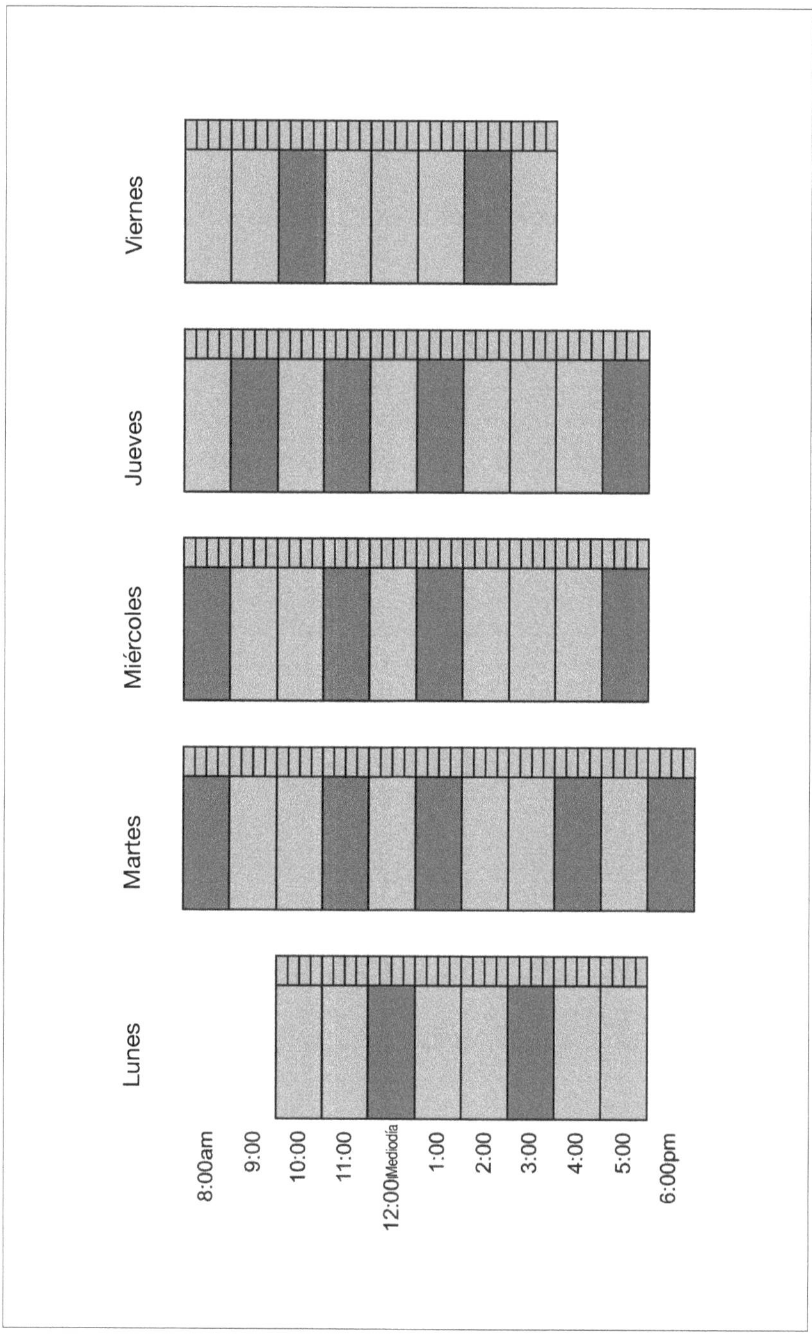

Diagrama 6.3 – El plan de éxito -Semana

Con el fin de alcanzar esto, podemos hacer dos cosas. Primero, tener un documento preparado que presenta nuestra compañía y a nosotros como individuos. En un lado podría contener detalles acerca de nuestra compañía o agencia, tales como cuando se estableció, los fondos bajo gestión, la especialización del producto, y así sucesivamente. En el otro lado puede haber una foto de nosotros, nuestras credenciales, y testimonios de clientes que existen.

Los testimonios independientes de un tercero son increíblemente poderosos y no deberían ser subestimados o poco usados. Si no tenemos ninguno, podríamos hacer que sea nuestra tarea número uno pedirles a nuestros clientes comentarios favorables que podamos usar.

En segundo lugar, enviar nuestro documento como una pequeña versión de él de forma adelantada a la reunión (ver apéndice A-3). Explicar en una carta de presentación que necesitamos que sea completado con anticipación para que el tiempo que pasamos juntos sea particularmente valioso para el cliente. También preguntar por cualquier documentación como copias de recibos de salarios, beneficios de la compañía o políticas existentes. Si nuestra compañía o agencia tiene un formulario complicado que podría asustar a un cliente o lo hacemos todo en computadora, diseña tu propio mini cuestionario, realizando las preguntas necesitadas. Cuando la reunión con el cliente llegue, podemos usar el tiempo de la reunión mucho más efectiva y eficientemente. El mismo principio puede ser aplicado a completar los negocios. Simplemente envía los formularios para que se firmen claramente marcados, con detalles conocidos como nombre, dirección, primas y así sucesivamente en espacios rellenados. Incluye una lista de verificación para que se complete y un número de teléfono de línea de ayuda en caso de dificultades.

Como se explicó antes, si un cliente tiene el plan, ellos completarán los formularios. Si tú sientes que tus clientes podrían no completar el formulario, mi sentimiento es que en la mayoría de los casos ellos no quieren o necesitan el plan lo suficientemente.

Considera un asesor típico. Ellos usualmente toman tres citas desde el inicio hasta el final para que un nuevo cliente complete una nueva pieza del negocio. La reunión uno es la presentación, se gasta mucho tiempo en conocerse uno al otro en completar el encuentro de hechos. La reunión dos, el asesor vuelve explicar sus recomendaciones y gana aceptación del cliente. La reunión tres es la firma final. Entre ellas probablemente ahí unas cuantas llamadas telefónicas, búsqueda de documentación, clarificación de detalles y así sucesivamente. Aplicar lo que hemos visto reemplaza la primera y última reunión y la mayoría de la búsqueda administrativa.

El cliente ve quienes somos y lo que hacemos en el folleto y proporciona todos los datos necesarios. Nos encontramos y presentamos nuestro caso. Luego enviamos todo para que se firme habiendo hecho cualquier cambio solicitado.

Esto ha tomado una hora en lugar de tres, y si hemos incluido tiempo de viaje, digamos 30 minutos de en cada dirección, cada cita, habremos tomado dos horas en lugar de seis.

Haz esto o tres veces a la semana y habrás ahorrado 12 horas - un día completo. ¿A quién no le gustaría un día completo adicional cada semana? Aquí lo tienes, ¡eso va por mí!

6.2 Amarillo - viaje

Hablando de viaje, vamos a movernos al amarillo y ver cómo podemos disminuirlo. Ahora veremos cómo radicar los viajes o al menos reducirlos a un mínimo absoluto.

Número uno es trabajar 'dentro de la empresa'. Hacer que los clientes vengan a nosotros. ¡Realmente es así de simple, solo pregunta!

Pero ¿Qué ocurre si ellos preguntan por qué debería visitarnos ahora si estuvimos felices de visitarlos anteriormente? Explica que los servicios financieros se vuelven más complicados y que necesitamos nuestro material de investigación, sistemas y referencia a la mano.

Después de todo, ¿Qué pensaríamos de un dentista que viene a nuestra casa a las 7:30 de la noche con un bolso lleno de fresas diamantadas y nos pide que nos echemos en nuestra silla, un abogado que nos llama el fin de semana? Como en nuestra comparación inicial, si queremos ser vistos como profesionales debemos actuar como profesionales. Frecuentemente escuchamos la excusa de que no tenemos una oficina para usarla. ¡La respuesta a largo plazo es tener una! Pero estoy al tanto de que esto lleva tiempo, efectivo y planeación. Así que, acordemos ponerlo en nuestra lista de objetivos y en nuestros planes de negocios (deberíamos tener un plan de negocios) - ¡Si no, el capítulo cuatro! Y ven con las soluciones inmediatas.

¿Qué hay si no tenemos una oficina? Encuéntrense en el lobby o restaurante de un bonito hotel local. Costo nulo. Muchos hoteles e incluso estaciones de servicio para automotores ahora tienen salas dedicadas que pueden ser alquiladas por día u hora. ¿Qué hay si no tenemos un bonito hotel cerca de nosotros?

Alquila una sala de un edificio de oficinas durante un día. Ellos tendrán maravilloso personal de recepción, muebles de alta calidad y otras facilidades, comidas y bebidas podrán ser suministradas a un costo nominal. Hay muchas compañías que administran estos locales en todo el mundo. Hacer un poco de trabajo con anticipación para que puedas encontrar un operador con locales como esos en todas las áreas que necesites, dándote espacio de oficina en toda una ciudad o país a un costo bajo.

¿Qué pasa si no hay oficinas disponibles? Aborda a un profesional, tal como un contador o abogado y contrata una sala de reuniones de ellos. Es una situación de ganar-ganar si has escogido cuidadosamente sus servicios serán de buen uso para nosotros y nuestros clientes y viceversa. ¡Apuesto que después de unas cuantas sesiones empezarás a tener casos de clientes referidos por ellos que más que pagarán por alquilar la sala! ¡Rentable!

Es cierto que la tecnología ahora nos permite trabajar en cualquier lugar. Podemos estar 'en línea' todo el tiempo. Y eso es cierto para nuestros prospectos y clientes también. Estos días, uno de los beneficios de un cliente yendo a tu oficina, en lugar de que nosotros vayamos a ellos a su casa o lugar de trabajo, es que nos permite 'no estar en línea' por solo un corto tiempo. El permitirles enfocarse en sus finanzas, así sea por solo una hora, sin las distracciones constantes del dispositivo móvil es un gran regalo que otorgar.

Otra forma de reducir el tiempo de viaje es dejar de hacer varios viajes y trabajar cerca de casa. Vamos a usarme a mí como ejemplo una vez más. Yo solía trabajar en el corazón de Londres. No llegaba demasiado lejos, el transporte público no es muy bueno en estos días y la congestión de tráfico está en todo lugar. Usualmente llegar al trabajo me tomaba tres horas de viaje por día. En su lugar, alquilé una oficina a 10 minutos a pie de mi casa. Me ahorra horas de tiempo cada semana, así como ahorra dinero y frustración con el transporte.

¡Por las mismas razones, los clientes aman ir a visitarme! Hemos llegado a un punto en donde muchos clientes no se impresionan por grandes oficinas brillantes en el centro de la ciudad. El primer lugar, es muy difícil de llegar a ellas y frecuentemente nuestros clientes terminan mirando nuestra recepción de mármol y un vasto atrio ¡Pensando que allí es donde todo ese dinero suyo termina! Los clientes aman tener tiempo libre para visitar bonitos lugares, así que asegura que tu oficina esté ubicada localmente, tenga comodidades básicas disponibles como un estacionamiento o fácil acceso al transporte público. Esto hace que el proceso de visitarte sea un placer y no una tarea. Incluso conozco a un asesor financiero que hace que laven los autos de sus clientes mientras la reunión progresa (ver apéndice A-4). Haz que el lugar sea un poco hogareño con flores frescas, asegúrate de que esté limpio, arreglado y presentable, no descuidado con pilas de papeles en el piso. En corto, el tipo de lugar que te gustaría visitar. Frecuentemente podemos perder de vista este hecho cuando nuestra familiaridad con los alrededores puede esconder el verdadero estado de la oficina.

Si solamente tenemos ocho reuniones a la semana, con 30 minutos de tiempo de viaje hasta y desde cada una, ganamos unas ocho horas extra por semana al no viajar. Acabamos de ganar 20% de tiempo adicional cada semana.

No soy un gran propulsor de las reuniones en línea usando videoconferencia para reunirse con nuevos clientes. Estoy de acuerdo en que ellas tienen su lugar y que pueden ser mucho más personales que solo una llamada de teléfono, pero para nuevas relaciones y desarrollo de la confianza, aún prefiero estar en la misma sala que la otra persona.

Pero yo acepto que a veces simplemente no es posible ver a todos en nuestra oficina, por ejemplo, si estamos en el mercado corporativo es difícil tener un equipo de tres dueños/accionistas juntos.

Si tenemos que salir, usa el principio de objetivos diarios. Yo solía dividir mi diario entre secciones. Los martes eran para clientes que estaban en el centro de la ciudad, los miércoles era para los clientes al oeste de la ciudad y los jueves para los clientes al este, en el distrito financiero. Si tengo que viajar fuera de la ciudad, voy los lunes. Los viernes siempre los paso en la oficina. Mis clientes saben eso. Entonces si alguien del Oeste llama, ellos pueden seleccionar los horarios de un miércoles. Al agrupar a los clientes juntos de esta forma, disminuí los viajes. Nunca tuve que ir a través de la ciudad y de regreso otra vez en un mismo día. Mis reuniones están localizadas. Esto también disminuye los costos, como transporte público o gasolina y estacionamiento.

6.3 Verde - personal

Continuando con el principio de establecer metas diarias, llegamos al tiempo en verde, o sea el tiempo familiar o personal. La mayoría de nosotros estamos en posición de querer incrementar este tiempo. Toma exactamente el mismo enfoque que antes.

Resérvalo en tu diario y tratarlo como que fuera cualquier otra cita. ¡Bueno casi como cualquier otra cita! Deberíamos tratarlo de una manera incluso más importante que el tiempo del cliente. Justo como lo hice cuando mi primer hijo nació, si programamos más tiempo verde tendrá un efecto dramático en nuestros patrones actuales de trabajo, debemos dejarlo saber a nuestros clientes.

Si pensamos que nos gustaría tener más tiempo para ir al gimnasio, club de golf, o spa, entonces necesitamos programar una cita para nosotros mismos. Si tenemos un evento de nuestros hijos acercándose, tal como un juego deportivo importante, o juego de la escuela, prográmalo en el diario. Té garantizo que si tu cliente solicita una reunión y le explicamos que no podemos hacer uso de ese horario porque nuestro hijo está recibiendo un premio o estamos yendo a una ceremonia, ellos entenderán y no les importará. Especialmente, si podemos ofrecer un grupo completo de espacios alternativos de nuestro tiempo.

Y yo diría que si algún cliente se niega a hacer negocios conmigo porque tengo una razón como un importante asunto familiar que atender entonces no quiero tener tratos con él de todas formas. Se trata de nuestras prioridades.

Muchos de nosotros podemos estar sentados pensando que nos gustaría darnos a nosotros mismos y a nuestra familia más tiempo, pero simplemente no sabemos cómo. Si la razón realmente es solo tiempo, entonces siéntate y trabaja así el concepto del plan de éxito, calcula donde puedes reservar una hora e inmediatamente resérvala como tiempo verde. Esto podría ser media hora ahorrada al no viajar una vez a la semana y 30 minutos al enviar nuestros formularios para firmarse una vez, pero tú podrás encontrar ahorros de tiempo.

Sin embargo, si nuestro corazón está dispuesto, pero la cabeza parece estarnos deteniendo, o en otras palabras sabemos que es una buena idea, pero siempre hay muchas 'cosas' por ser completadas, la respuesta podría ser escribir una lista de todas las cosas que haríamos si tuviésemos más tiempo verde. Mira el diagrama 6.4.

Tiempo verde Particular / Evento familiar	**Positivos** De tomarse el tiempo	**Negativos** De NO tomarse el tiempo
Ir al gimnasio 3 veces por semana	1. Siéntase mejor & luzca mejor 2. Comprar nuevo guardarropa 3. Alcanzar objetivo de pérdida de peso	1. No dormir bien 2. Sin aliento subiendo escaleras 3. Los niños me ganan en el tenis
En casa a tiempo para leer la historia de la hora de acostarse para el bebé y cenar con la esposa	1. Pasar tiempo de calidad con los niños y la esposa 2. Es hora de relajarse antes de acostarse, en lugar de casa, comer, dormir, salir de nuevo 3.	1. Perderse el crecimiento de los niños 2. ...... 3. ......

Diagrama 6.4 – Razones para el verde

Escribe los eventos de tiempo verde abajo a la izquierda. Escribe una columna las consecuencias de tomar ese tiempo, los factores positivos y en la siguiente columna las consecuencias de no tomar el tiempo, los factores negativos. Al hacer esto, encontrarás al menos una razón potente para ponerte a ti y a tu familia primero.

Yo solía tener un problema en mi propia mente con el tiempo verde. Parecía que me daba tiempo verde a mí mismo cuando sentía que lo merecía. Por lo tanto, yendo a trabajar y trabajar y trabajar casi hasta el punto del colapso antes de permitirme a mí mismo un día sin trabajar, y para ese momento usualmente estaría enfermo de cualquier forma por mi culpa. Era como si yo estuviera intentando mover una roca del punto A al punto B empujándola hacia arriba de la colina y a medida que subía la colina la gravedad trabajaría fuerte contra mí hasta que finalmente llegara hasta la cima y empujara hacia el barranco. (Ver diagrama 6.5) En ese punto, yo podría descansar finalmente o más probablemente colapsar.

Entonces me percaté de que estaba haciendo las cosas de la manera equivocada. (Ver diagrama 6.6) Muestra que el camino más fácil para mover la roca desde A hacia B es haber descansado completamente PRIMERO. Luego se trata simplemente de un asunto de empujar la roca hacia abajo de la colina. Si bien algo de esfuerzo se aplica para el camino hacia abajo es relativamente fácil mantener el impulso y empujarla hacia arriba en la siguiente colina.

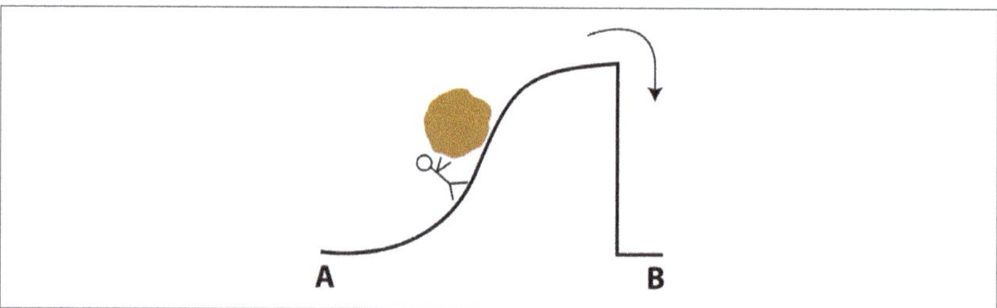

Diagrama 6.5 – Rocas

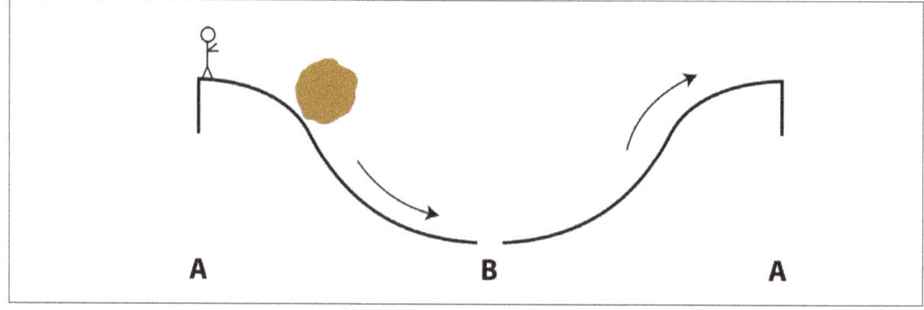

Diagrama 6.6 – Rocas

Estos dos simples dibujos cambiaron mi vida. Pero había algo que aún faltaba. Para muchos de nosotros, el asunto principal que nos detenía de ir a casa a tiempo, tomarnos fines de semana libres o y al juego escolar era el gran volumen de documentación con el que teníamos que lidiar. ¡Trabajo administrativo!

6.4 Negro - trabajo administrativo

Escribía antes acerca de la necesidad de comprar cinco lapiceros nuevos de colores. Para la mayoría de nosotros aquí, la razón de esto se vuelve obvia tan pronto cuando empezamos a llenar el plan de éxito.

El lapicero negro toma mucho tiempo para dejarse de usar. Si realmente queremos que el plan de éxito sea exitoso comenzaremos a odiar nuestro lapicero negro. Si somos un poco como la mayoría de los asesores, y ciertamente como tú has leído hasta aquí, tendremos un alto grado de orgullo profesional o un alto grado de motivación.

El problema es que a veces nos distraemos o tenemos que estar en modo bombero yendo de una crisis a otra. Esto se vuelve en días o incluso semanas donde recordamos haber estado demasiado ocupados y no tener tiempo para nosotros mismos, con ninguna producción en nuestras cifras y nada marcado en la lista de quehaceres en el viernes que ya estaba allí al inicio de la semana.

Podemos adivinar porque tenemos tanto negro en nuestros planeadores de éxito. Es la incrementada carga regulatoria que estamos enfrentando.

El trabajo administrativo adicional para sostener nuestras recomendaciones, la documentación extra necesaria para luchar contra el lavado de dinero y la verificación del cliente, las demandas incrementadas para un grandioso servicio al cliente, el número siempre incrementado de solicitudes que recibe una calificación y que toman trabajo adicional para hacerse. Podría seguir y seguir. El problema es que todo este trabajo de 26 libras por hora no es de 260 libras por hora. ¿Recuerdas eso? La respuesta es delegar.

El mismo hecho de que estés leyendo esto demuestra que tienes la habilidad y el deseo de tener éxito. Pero no debemos confundirnos acerca de esto, tendemos a pensar que somos la única persona que puede hacer nuestro trabajo Hay aspectos de nuestro trabajo en los que podemos ser muy buenos, pero sigue el hecho de que nosotros solo deberíamos estar haciendo los elementos de nuestro trabajo que solo nosotros podemos hacer. Los otros aspectos, todos los factores que llamamos 'trabajo administrativo' no deberían estar entre nuestras cosas por hacer. Todos hemos oído acerca de los mejores productores cuando están en las plataformas de conferencias y leen libros que nos dicen que deleguemos.

¿Pero lo hemos hecho? ¿Realmente lo creemos? Una vez más, más que simplemente decirte que es una buena idea, voy a probarte y mostrarte mi propio ejemplo y cómo puede funcionar para ti también.

Como ejemplo asume un salario de 20,000 libras anuales para un asistente. Divídelo entre 52 semanas y asume que trabajas 40 horas por semana. Esto está debajo de las 10 libras por hora. Nosotros, los asesores valemos 50, 100, 260 libras por hora o más.

Recuerda que al principio del capítulo 6.1 ya conversamos acerca de esto. Este trabajo administrativo cuesta 10 libras por hora o menos para ser completado. En nuestros ejemplos nosotros hemos visto que cada vez que coloreamos un segmento nuestro plan de éxito de color rojo, podemos generar cientos de libras por hora

Cada vez que usamos el lapicero negro estamos trabajando a 10 libras por hora. Si queremos mayor motivación, ¡Toma una pegatina, escribe 10 libras por hora en ella y pégala en tu lapicero negro para un recordatorio cada vez que lo cojas!

¡10 libras por hora, págale a alguien más por hacerlo! Un asesor típico pasará el 50% de su tiempo en trabajo administrativo. Piensa acerca de cuánto tiempo podemos liberar para el tiempo para cara a cara con clientes, tiempo con nuestra familia o para nuestros propios intereses, si no fuera porque tenemos mucho trabajo administrativo. ¿Cuántas noches ganaríamos si no tuviéramos que trabajar hasta tarde? ¿Cuántos fines de semana podríamos reclamar? ¿Cuánto mejoraría tu calidad de vida? ¿Cómo esto ocurre con un asesor típico?

Recuerda que el monto por un caso promedio es de 500 libras. Con el salario de ejemplo que acabamos de ver tendríamos que completar menos de un caso extra por semana. Por supuesto aún necesitaríamos hacer algo de trabajo administrativo, eso es inescapable. Pero asumiendo que como asesor estás trabajando una semana de 50 horas y que 50% de ese tiempo se llena con trabajo administrativo, y es lo que pasa cuando delegamos solamente la mitad de este o el 25% del total. 12 horas se han liberado. ¿Podríamos escribir un caso extra, o ganar una comisión de 500 libras teniendo otras 12 horas, un día completo? Para la mayoría de los asesores la respuesta es un resonante ¡SI!

Considera al asesor que decide implementar algunas de las ideas del plan de éxito del que hemos conversado hasta ahora. Por ejemplo, tener más reuniones cada semana como objetivo diario, salir de la oficina a tiempo, ya que no hay más espacios nocturnos abiertos, enviar un hallazgo de hechos para completar 'hechos concretos' antes de la reunión, viajar localmente en días específicos y delegar la mayoría del trabajo administrativo de 10 libras por hora. No es difícil de imaginar ser capaz de completar unos cuantos miles de libras por semana de producción adicional, ya sea concentrándote en unos cuantos casos grandes o solamente en más casos del promedio de 500 libras.

Al delegar y escribir tan solo cuatro casos adicionales por mes podríamos fácilmente doblar nuestra producción. Tomando el salario de 20,000 libras aún deja suficiente ganancia y todo lo que se gana con mayor tiempo libre personal de color verde.

Mi propio negocio respalda estas cifras. En los dos años desde que estamos implementando estos conceptos, mi producción se duplicó. Adicionalmente, entonces trabajé un promedio de 40 horas por semana en lugar de las 70 horas que era lo usual trabajado antes.

Debería agregar que encontrar a la persona correcta a la cual delegar es crucial y te recomendaría considerar el uso de una consultoría de contratación de alta calidad y lo último en pruebas psicológicas para el personal antes de emplear a alguien. Por lo menos leer un libro o completar un curso de como contratar al personal correcto. Yo pasé a través de cuatro asistentes en cuatro años en mi búsqueda de la persona correcta y ahora estoy en la situación en la cual tiene asistente dejar el trabajo yo sufriría para dirigir el negocio por mí mismo. Sin dudarlo el factor principal para doblar mi producción fue la adición de un asistente de la mejor clase a mi negocio. De hecho, muchos clientes prefieren llamar y hablar con mi asistente para las tareas del día a día y así es como debería ser. Mis clientes saben que mi personal es de la más alta calidad y que le pueden confiar realizar sus solicitudes y por lo tanto dejarme libre para concentrarme en tareas que requieren mi habilidad. ¡El hecho es que mi personal es realmente mejor en realizar las tareas administrativas de lo que yo soy!

Existen muchas otras tareas que pueden ser delegadas. Yo sugiero que tengas un pedazo de papel a mano por dos o tres semanas y escribas todo lo que haces, desde abrir el correo hasta ver a los clientes y todas las actividades conexas (ver apéndice A-5). Luego mira la lista, de observarse algo que pudiera ser económico delegar. Combina tu lista con la salida de tu planificador de éxito. Por ejemplo, podrías encontrar que una gran porción de tu tiempo se gasta manejando de reunión a reunión. Si sigues el principio de 'localización' de tus reuniones del plan de éxito puedes encontrar que es más económico contratar a un conductor durante el día. Al tener todas tus reuniones geográficamente cerca el tiempo que es gastado en el auto es minimizado, dejando más tiempo para reuniones (más tiempo rojo). Pienso que una sola venta adicional al día justifica el costo del conductor. ¿Quién debería ser el conductor? Tú podrías hacer que una empresa de taxis local o conductor haga el trabajo. Tú podrías querer recorrer todo el camino y contratar un chofer uniformado de una compañía o tú podrías incluso conocer a alguien que conozca los caminos y que esté agradecido por un pequeño salario adicional por unos cuantos días a la semana. Pero las eficiencias continúan. En lugar de concentrarte en el camino estás libre para hacer llamadas o ponerte al día con la lectura, que significa que más tiempo amarillo se vuelve azul o verde. El tiempo y dinero que normalmente emplearías en estacionarte también disminuye, ya que simplemente eres dejado y recogido. ¡Y por supuesto, el costo del conductor es deducible de impuestos!

De igual forma, puedes aplicar el principio a otras áreas del negocio también, tales como responder el teléfono (recepcionista), preparación de archivos y obtener citas de clientes (paraplanner) o abrir el correo y ordenar la papelería (gerente de oficina). Registra tu actividad y determina que puedes delegar efectiva y económicamente y mira tu tiempo rojo y tus ganancias mejorar.

6.5 Azul - prospección con referencias

El único color que queda es el azul. La única manera en la que nosotros podemos garantizar el éxito es como un continuo flujo de prospectos. A veces se dice, "si no tienes ningún prospecto, no tendrás ningún prospecto". Muchos podrían decir que el tiempo azul de obtener prospectos incrementándose es una cosa buena. Yo solía estar de acuerdo. Pero habiendo realizado el plan de éxito durante algún tiempo ahora he llegado a la conclusión de que el tiempo azul también es bueno que sea delegado a alguien más, a nuestros clientes. Existen unas cuantas excepciones de las que trataremos después, pero generalmente se está de acuerdo en que la manera más eficiente de obtener nuevos clientes es por la recomendación de boca a boca personal. Por lo tanto, deberíamos obtener referencias y dejar que nuestros clientes hagan la prospección por nosotros. El proceso de obtención de referencias debería ser automático. Especialmente, ya que "¿cómo obtenemos más clientes?" es una de las preguntas más repetidas en nuestra profesión, especialmente para aquellos que recién están empezando o los más jóvenes entre nosotros. Para aquellos quienes han estado en la industria un poco más de tiempo, hay un reconocimiento de que los nuevos clientes típicamente proporcionan un tamaño de caso promedio más alto y se necesita para mantener el negocio fresco. Por lo tanto, constantemente luchamos para añadir más personas a nuestra base de clientes.

Propongo que cambiemos la pregunta y nos la hagamos a nosotros mismos, "¿cómo obtenemos más clientes de alta CALIDAD?

Este capítulo mostrará como mudar tu práctica de la manera tradicional y que consume tiempo valioso de buscar prospectos que lleven a nuevos clientes de valor arbitrario a generar prospectos que produzcan un flujo constante de referencias de alta calidad.

Como con todo lo de este libro, esto no es teoría, esto funciona y yo voy a estar dando ejemplos prácticos.

Vamos a examinar la forma clásica de obtener referencias. Existen dos cosas que deberíamos estar haciendo antes que ninguna otra.

Primero:

- **debemos crear valor y dar servicio a nuestros clientes;**

Y segundo:

- **¡debemos preguntar!**

Si no vamos a hacer estas dos cosas básicas que garantizo que no tendrás referencias.

Ahora vamos a asumir que todos los que están leyendo esto están creando valor agregado y dando un servicio de buena calidad y nosotros asumiremos que todos solicitamos referencias en el punto de venta, habiendo integrado esto en nuestra presentación desde el primer encuentro. Si estamos haciendo estas dos pequeñas cosas merecemos referencias. Si no estamos haciendo lo anterior, cuando pensamos que merecemos referencias debemos preguntarnos a nosotros mismos ¿por qué no? ¡Si estamos dudosos de referirnos a nosotros mismos entonces hay algo que está mal!

Nos dicen que la posibilidad de referencias depende de cuatro cosas:

1. Llegar a tiempo
2. Hacer lo que dices
3. Finalizarlo que empiezas, y
4. Decir por favor y gracias (Ver apéndice A-5)

Adicionalmente, deberíamos ser técnicamente competentes en los productos acerca de los cuales asesoramos.

Aquí es donde la mayoría de nosotros enfrentamos un reto. Hemos practicado los hábitos de conseguir referencias, somos técnicamente competentes, brindamos un gran valor a nuestros clientes. Pero si nosotros proporcionamos un grandioso servicio a todos los clientes, obtenemos referencias de todos los clientes. Cuantos de nosotros hemos tenido una llamada de un referido que se parece a esto: "Tú no me conoces, pero John sugirió que te llamara. Él dijo que tú le diste un consejo gratis hace unos meses. ¿Podrías ayudarme también?"

Estoy seguro de que todos apreciamos al referido y es bueno saber que nuestro cliente nos recomendó, pero no sobreviviremos como un negocio por mucho tiempo si seguimos haciendo trabajo sin pago, incluso si es un referido.

Tómate un momento para considerar tu base de clientes ahora mismo. No importa si tú solamente tienes dos clientes o 2,000 clientes. Imagina en tu mente a tu peor cliente. Considera el tipo de negocio que sería referido por nuestro peor cliente. Ahora imagina en tu mente el tipo de negocio que sería referido por tu mejor cliente. ¿Comienza a tener sentido? ¿Puedes ver adonde estamos yendo? Si le damos el mismo servicio a todos podemos tener una referencia de nuestro mejor cliente, pero el peligro es que podemos tener una referencia de nuestro peor cliente. ¡Y sea cual sea este, haremos el trabajo!

Muchos de nosotros somos familiares con la regla 80/20, el así llamado principio de Pareto. Si analizamos los clientes a quienes les vendemos en un año, a menos que todos nuestros clientes tengan ingresos y ocupaciones idénticas, esto es lo que encontraremos. Sin importar a cuantas personas le vendamos, el 50% de nuestro ingreso vendrá de 20 clientes. Nota, son 20 clientes, no 20% de los clientes. Si le vendemos a 100 clientes, 50% de nuestro ingreso vendrá de los mejores 20 clientes. Si le vendemos a 200 clientes, 50% de nuestro ingreso vendrá de los mejores 20 clientes. Si le vendemos a 400 clientes, aún el 50% de nuestro ingreso vendrá de los mejores 20 clientes (ver apéndice A-6)

El mensaje clave aquí es que, con el fin de mejorar la calidad de las referencias obtenidas, el enfoque debe estar en la calidad del servicio proporcionada a clientes de calidad.

La mayoría de nosotros estamos familiarizados con la configuración de objetivos. Si no es así, por favor lee el capítulo 11 y el apéndice B y considera uno de los títulos enumerados allí. Lo que vamos a hacer es establecer objetivos para nuestros referidos. Para hacer esto necesitamos saber quiénes son nuestros mejores 20 clientes. Los míos están definidos como personas con las que voy bien, aquellos que tienen mentalidad emprendedora, aquellos que tienen grandioso potencial económico, quienes hacen negocios conmigo en más de un área de la planificación financiera y por lo tanto son aquellos que ofrecen mayores oportunidades de negocios en el futuro.

Toma algo de tiempo el enumerar a tus 20 mejores clientes. Puedes usar el cuadro en el diagrama 6.7. ¡Cuando hice por primera vez este ejercicio, solo tuve a 14 personas en mi lista de los mejores 20! Solo hubo 14 personas que llenaron mi criterio, pero eso estuvo bien, a medida que vamos a ver ahora cómo llenar los nombres faltantes. A la derecha de la columna de nombres hay tres columnas de referidos. Estas son las que necesitamos llenar. Toma tu lapicero y llena los nombres de cualquier referido por nuestros 20 mejores clientes. Podrías no ser capaz de llenar ningún espacio y probablemente no llenes más de la mitad (ver apéndice A-6)

No.	Cliente	Recomendación 1	Recomendación 2	Recomendación 3
1				
2				
3				
4				
5				
6				
7				
8				
9				
10				
11				
12				
13				
14				
15				
16				
17				
18				
19				
20				

Tamaño medio de la caja de los 20 mejores clientes =
Multiplicado por x
Número de lagunas en su lista
Iguales =
Producción potencial de las 20 principales referencias =

Diagrama 6.7 – Sesenta referidos

Incluso si solamente tenemos unos cuantos nombres, podemos ver ahora frente a nosotros maneras de llevar a nuestro negocio hacia adelante. Lo que ocurre ahora es que el mecanismo de establecer objetivos en nuestro cerebro comenzará a ayudarnos a llenar los espacios. Tendremos un deseo natural de verlos llenados.

Si tienes tres referidos de un cliente y ellos llenan sus criterios, agrégalos al final de tu lista y comienza a obtener referidos otra vez con el nuevo nombre. Este es un proceso que nunca termina y que se autogenera.

Como un ejercicio rápido, en el espacio al final del diagrama 6.7, escribe el tamaño del caso promedio que tú piensas que obtendrías de uno de tus mejores 20 clientes. Recuerda que esto son lo mejor de lo mejor. ¿Es 500 1,000, 5,000, 10,000 libras? Ahora cuenta los espacios para referidos en tu propio folleto y escribe en el espacio proporcionado. Ahora multiplica el tamaño del caso promedio por el número de espacios. Cifras muy excitantes, ¿no? Estamos comenzando a ver como enfocando nuestros esfuerzos como un láser en nuestros mejores clientes en lugar de esparcir nuestros esfuerzos a través de toda nuestra base de clientes puede alcanzar recompensas.

Es importante poner estas listas donde podamos verlas, por ejemplo, en la pared sobre nuestro escritorio o en nuestro diario donde nuestra mente subconsciente sea recordada cada día se la traía entre manos.

Como ejemplo, cuando hice este ejercicio, aquí está lo que pasó. Llamé a uno de mis clientes y le dije "hola, Fred, soy Ian Green". Fred dijo "me alegra que llamaras, estuve pensando en llamarte". (¿Alguna vez te ha pasado esto a ti?) "Puedes venir a mi oficina alguna vez, les he dicho a dos de mis asociados acerca de la planificación de patrimonio que realizamos y ellos quieren el mismo plan que yo tengo". Ahora recuerda, este fue uno de mis mayores clientes, y yo referí la misma cosa dos veces. "Seguro, Fred" le dije (regañándome a mí mismo por no haber preguntado antes - recuerda lo básico - ¡PREGUNTA!) y reservamos un tiempo para que yo viera a sus colegas. "¿Ahora qué pasa si tú querías a Ian?". "Fred, me podrías dar el nombre y número de teléfono de tu abogado". "Seguro Ian, ¿hay algo malo?". "Nada malo Fred, pero como tuvimos éxito con tu planificación, pensé que él podría tener clientes similares a quienes pudiera yo ayudarles de la misma manera".

Para hacer corta una larga historia, el resultado final fue que Fred estuvo muy contento de ser capaz de ayudarme y realmente contactó a su abogado para decirle que yo lo llamaría. Cuando llamé al abogado, él también estuvo contento de que hubiera llamado, ya que había estado buscando un planificador financiero confiable. Desde entonces hemos trabajado juntos en muchos proyectos que han generado una cantidad sustancial de negocios para nosotros dos. Esa llamada telefónica, combinada con lo básico, ha sido responsable de una gran cantidad de ingresos. ¡Vamos inténtalo, esto funciona!

Aquí hay un ejemplo de marketing enfocado que puede ayudar a generar referencias.

¿Estoy seguro de que has escuchado que deberíamos mantenernos en contacto con nuestros clientes enviándoles un boletín? ¿Cuántos de nosotros realmente nos mantenemos en contacto con nuestros clientes enviándoles un boletín? Mira lo que pasa cuando nosotros enfocamos nuestro tiempo, esfuerzo y propia inversión de negocios:

Aquí hay un ejemplo de lo que muchos de nosotros ya estamos haciendo:

Contacto del cliente (por ejemplo, una revista para clientes o e-blast)

Clientes = todos los 500 (500 clientes = base de clientes típica de un asesor financiero) = una libra

Costo total = 500 libras

¿Qué hay acerca de esto como una alternativa?

Aquí hay un ejemplo de lo que deberíamos estar haciendo:

Contacto del cliente de calidad (ejemplo de libro de negocios) clientes = mejores 20

Costo por elemento = 25 libras (incluyendo el envío) costo total = 500 libras

Piensa en la buena impresión que causará entre los 20 mejores clientes al regalarles un libro de 25 libras, especialmente si ha sido realizado para sus intereses o área de especialidad - si estás sin ideas, hay muchos cursos excelentes y libros disponibles. ¿Si recibiéramos algo de un proveedor, que preferiríamos? ¿Cómo nos sentiríamos si recibiéramos un regalo valioso como una carta de presentación informándonos que somos uno de los 20 mejores clientes de un proveedor? Muy especiales, ¿no? Hemos empezado a inclinar las balanzas en favor de obtener una referencia de nuestros mejores clientes y no de los peores.

En el ejemplo tenemos un costo total de marketing de 500 libras. ¿Esto es bueno o malo, mucho o muy poco? No hay respuesta correcta o incorrecta, ya que depende de la ganancia que hagamos de un cliente y cuántos clientes generará el ejercicio. Hay todo un capítulo en rastreo de negocios y clientes posteriormente en el libro. .

Aquí hay unas cuantas claves para nuestra estrategia de marketing:

1. Conocer el costo de adquirir un nuevo cliente; y
2. Conocer nuestro tamaño de caso promedio.

Debemos conocer estas cifras para nuestro propio negocio antes de que podamos progresar. Dale una mirada al capítulo 7 para el desglose completo, pero esencialmente para calcular tu ganancia por cliente, toma la producción bruta generada y reduce los costos (tales como tarifas de agencia, costo de personal, renta, etcétera). Yo trabajo con una ganancia neta de entre el 10% y el 20%, así que para abreviar vamos a llamarlo un promedio del 15%.

Mi tamaño de caso promedio de mis 20 mejores clientes es de 4,161 libras. Mi tamaño de caso promedio de toda mi base de clientes es de 1,905 libras. Los casos de los 20 mejores clientes son en promedio más del doble de grandes que el resto. Date cuenta de que estos casos no son enormes, pero tampoco son pequeños. No soy una de las superestrellas de nuestra industria quienes completan casos gigantes cada día. Simplemente trabajo con este sistema. Lo importante es que mi promedio está mejorando cada año.

Yo sé que promedio de mis 20 mejores clientes generarán 4,000 libras y yo tengo una ganancia de 600 libras. Confortablemente puedo gastar 300 libras en el cliente para obtener más negocios y aun así tener una ganancia. En contraste, la ganancia de un cliente promedio tomado de la base completa de clientes es de 285 libras en total, menos del presupuesto de marketing para uno de mis mejores 20 clientes.

Debemos asegurar que hagamos el ejercicio de calcular nuestra rentabilidad por cliente. Luego debemos calcular nuestro tamaño de caso promedio de toda la base de clientes y compararlo con el tamaño de caso promedio obtenido de nuestros 20 mejores clientes.

Una vez que sabemos nuestro tamaño de caso promedio y rentabilidad por caso, tenemos la estructura de nuestro presupuesto de marketing y actividad para adaptarse. Yo daré ejemplos de trabajos de ideas de marketing para referencias posteriormente en este capítulo.

Para confirmar, necesitamos mejorar nuestro enfoque en el servicio de relaciones que tenemos con nuestros 20 mejores clientes. Ellos referirán a nosotros a mayores prospectos excelentes. No tomes referencias de nadie más. Imagino que en esta etapa algunos lectores pueden estar pensando "no puedo permitirme hacer eso". Recuerda las cifras que acabamos de ver. La verdad es que no podemos permitirnos no hacerlo. En el siguiente ejemplo lo voy a probar.

Ahora vamos a ejecutar un ejemplo típico de un asesor con 500 clientes activos que provee un adecuado nivel de servicio a todos los clientes y realiza una mezcla de métodos de prospección. Este asesor, cómo la mayoría de los lectores estoy seguro, siempre llega a tiempo, conoce las cosas técnicas y tiene grandiosas relaciones con los clientes.

Este asesor recibe ocho referencias por mes, lo que significa dos a la semana, y esto viene de telefonear a los clientes, hacer prospección de medios sociales y correo regular. Un seminario es llevado a cabo una vez al mes lo cual también genera ocho prospectos fríos. De los 16 nombres recolectados cada mes la mayoría está bien, usualmente a unos cuantos 'desperdiciadores de tiempo' y de vez en cuando el asesor tiene suerte con un caso grande. El promedio, el 75% de las referencias y el 50% de los prospectos fríos se vuelven clientes. Estos son 10 nuevos clientes al mes, o 120 al año.

El tamaño de caso promedio es de 600 libras, lo cual significa una producción de 72,000 libras al año. Incluso permitiendo una caída del 10% en las circunstancias más allá del control de nuestros asesores, esto significa un ingreso cómodo, pero hacer esto conlleva mucho trabajo duro, desplazarse mucho, mucho trabajo administrativo - en corto, un gran esfuerzo.

Ahora, veremos lo que ocurre cuando nuestro asesor se concentra en sus 20 mejores clientes. Naturalmente, el tamaño del caso promedio es mayor, ahora es 1,200 libras. Nuestro asesor hace la lista de sus mejores 20 clientes y tiene 60 espacios listos para su columna de referencias. Nuestro asesor llama a cada cliente en turno, y explica el individuo es uno de sus más valiosos clientes, de hecho, que está entre sus 20 mejores clientes y esto desde ahora en adelante será en un nivel de servicio incluso más alto que previamente. Nuestro asesor explica eso porque el nivel incrementado de servicio al cliente deja menos tiempo para el marketing y es donde el cliente puede ayudar. "Aprecio tu ayuda, podría recomendarme solamente a tres personas quienes podrían ser clientes míos. Obviamente, es improbable que sepas su situación financiera, pero tú probablemente conocerás a tres personas cultas como tú tienes concuerdan con el perfil de los 20 mejores clientes. Ellos cuidan a sus familias y su negocio, ellos pueden tomar decisiones y ellos tienen un gran potencial económico". Como antes, tú puedes querer ejercer tu propio criterio como clientes dueños de negocios o dentro de cierta área geográfica. Lo grandioso acerca de este enfoque es que se hace más fácil a medida que pasa el tiempo porque muy pronto las personas a las que les estás pidiendo referencias fueron originalmente referidos ellos mismos, así es la progresión natural.

¿Cuál es tu mayor pesadilla? Que uno de tus 20 mejores clientes se horrorice y por tu solicitud y en el acto se niegue a hacer negocios otra vez contigo para siempre. Esto es aún peor, vamos a imaginar que son espantados por tu solicitud y que ellos nunca más volverán a trabajar contigo. ¡No entres en pánico! De los 17 restantes, ocho nos dan las referencias solicitadas. Otros ocho pueden pensar solamente en un hombre de un cliente esté encantado de ser capaz de ayudarte y te da cinco referencias. Ahora tenemos 37 prospectos excelentes.

Asumiremos que nuestra proporción de cierre no cambia (mejorará, estos son excelentes prospectos). También asumiremos que nuestro tamaño de caso promedio no mejora (mejorará, estos son excelentes prospectos). Si convertimos un 75% (27) a 1,200 libras es igual a una producción de 32,400 libras. Incluso pensando que es una grandiosa idea no soy tan ingenuo como para pensar que no toma tiempo convertir a prospectos en clientes, así que vamos a asumir que realizamos este ejercicio cada dos meses, no cada mes (no queremos hacer crecer nuestro negocio demasiado rápido, ¿no es así?). Esto significa una producción anual de 194,400 libras. Como estos son prospectos excelentes, permitiremos que solo el 5% se pierda por circunstancias más allá de nuestro control. Esto significa una producción de 185,000 libras. ¡La misma definición de trabajar más inteligentemente, no más fuertemente! Recuerda, tus mejores 20 clientes siempre están cambiando. Los nuevos nombres van en la parte de abajo para tu nueva entrega de marketing. ¡La calidad de tu base de clientes solo puede ir hacia arriba!

Hasta ahora, los clientes tienen un mejorado nivel de servicio y tenemos un negocio en expansión además de que estamos trabajando mucho más inteligentemente. ¡Ahora necesitamos recordar aquellas palabras mágicas, 'gracias'! Hemos escrito antes como calcular el costo de obtener un cliente. ¡Esto significa que podemos desarrollar para nuestro negocio un bien estructurado presupuesto de marketing así que podemos 'especular para acumular'!

Aquí hay cuatro ideas de referencias para que te la lleves a casa y las implementes en tu propia práctica. Así como mostrar cómo decir gracias a tus mejores clientes por sus referencias voy a explicar cómo introducirte en el mercado corporativo, obteniendo los trajes de tu negocio a un precio de descuento y una garantía de que hará a tu esposa sonreír cada semana.

1. Lleva a tus clientes a 'días de apreciación'

Esto puede ser a eventos deportivos, teatro, restaurantes... ¡Yo incluso llevo a las personas en un viaje usando un globo aerostático - el cielo es el límite! Yo arreglo un día de golf especialmente para mis clientes en la profesión médica. Cada cliente que fue invitado trajo a un colega. Hicimos el profesional del campo le diera a un grupo lecciones de golf y luego nos acompañó a lo largo del campo dando consejos de golf. De vuelta en el famoso '19th hole' un comediante nos entretuvo en la noche. Se tuvo un buen día para todos y un gran número de los invitados se volvieron clientes.

2. Da obsequios

Si realmente conocemos a nuestros clientes probablemente conocemos sus pasatiempos e intereses. Qué tal si les envías una suscripción a una revista especializada. Eso tiene un costo mínimo y ellos pensarán en ti 12 veces al año.

3. El 'enfoque de tres letras' - no tres cartas, solo pregunta

Explica a los clientes que todo el tiempo que pasamos desarrollando prospectos es tiempo que pasamos lejos de sus asuntos. Entonces les decimos "por favor, me podría ayudar sugiriéndome los nombres de tres personas con las que puedo hablar. Ellos deberían ser dignos de confianza, emprendedores y capaces de tomar decisiones - justo como tú". Frecuentemente, la mayor objeción en la mente de alguien antes de dar nombres es la preocupación de que las personas que se están refiriendo estarán enojadas o preocupadas de que sus detalles hayan sido brindados sin su consentimiento o conocimiento. Así que, siempre añado una segunda afirmación "sin embargo, hay una regla que yo tengo que no rompería o desviaría para nadie - ¡incluso tú! No hay forma de que contacte a alguna de estas personas hasta que tú hayas hablado con ellas primero. ¿Está bien eso para ti?"

4. El 'párrafo posterior a la venta' - referencias por correo

En el Reino Unido es obligatorio después de cada venta enviar una carta explicando lo racional detrás de la venta. Si esto no es obligatorio en tu estado o país te urjo a que lo consideres. Es altamente probable que sea obligatorio un día y es una buena práctica de trabajo. Sin embargo, en lugar de ver esto como una tarea, lo veo como una forma de obtener más referencias.

En nuestra carta posventa, tenemos un párrafo de 'P.D.' que dice "por favor recuerda que todos hacemos nuestros negocios por recomendación personal y referencias. Nos ayuda tremendamente para continuar proporcionando a nuestros clientes el más alto nivel de servicio que ellos esperan y merecen si ellos nos asisten dándonos los detalles de alguien que ellos piensan que podría usar nuestra ayuda. Tu asistencia en esto será sumamente apreciada."

Nota: Antes de implementar cualquiera de los conceptos que te acabo de describir comprueba las regulaciones de tu estado o país acerca de seguros, impuestos o asuntos legales relativos a darle regalos a los clientes.

¿Cómo aparecen los conceptos de referencia? Desde la perspectiva de los 20 mejores clientes ellos están refiriendo un excelente servicio, ellos tienen una relación con un asesor de confianza y se sienten respetados y apreciados. Desde nuestro punto de vista, estamos dando un valor extraordinario, estamos siendo recompensados apropiadamente y nuestro negocio está creciendo a medida que trabajamos más inteligentemente.

Podrías usar la idea del cuadro de oportunidades del capítulo 3 para enumerar a tus 20 mejores clientes y las ideas de referencia y trabajar tu camino hasta que todo esté coloreado de rojo.

En resumen, toma entre tres a nueve meses mover nuestra práctica desde el método antiguo, consumidor de tiempo y claro de buscar prospectos a un negocio basado en referencias autogeneradas de alta calidad.

Con el fin de hacer esto, debemos:

1. Ganar la confianza del cliente;
2. Proveer un servicio extraordinario a nuestros 20 mejores clientes;
3. Usar el establecimiento de objetivos para referencias;
4. Implementar una estrategia de marketing; y
5. ¡Siempre decir 'gracias' y recordar 'preguntar'!

6.6 Azul - Prospección sin referencias

Para aquellos que no tienen suficientes clientes de CALIDAD de dónde obtener referencias, he resumido en breve unos cuantos otros métodos de hacer prospección que han probado funcionar y unos cuantos que no. Si tiene que haber una frase para resumir el secreto de una protección exitosa sería 'conocer personas bajo circunstancias favorables'.

1.Definir mercado objetivo

La etapa uno es definir tu mercado objetivo. ¿Quiénes exactamente quieres como clientes y por lo tanto con quienes deberías estar realizando prospección? La vieja frase "si quieres saber lo que John Smith compra entonces debes ver a través de los ojos de John Smith" es muy cierta. ¿Qué quiere tu mercado objetivo? ¿Dónde vive y trabaja tu mercado objetivo? ¿Qué lee?

¿Cuáles son sus preocupaciones? Cuando sabemos la respuesta a estas preguntas y más, solo entonces podemos comenzar a dirigirnos a ellos.

Por ejemplo, si quieres tener como objetivo a los doctores, entonces familiarízate con lo que los doctores necesitan en cuanto a planificación financiera. Qué beneficios obtendrán ellos, cuando es el mejor momento para llamarlos, a qué edad se retiran y así sucesivamente.

Si queremos tener como objetivo a los dueños de negocios, podríamos unirnos a nuestra Cámara de Comercio local para comenzar a trabajar en empresas conjuntas con empresas de contabilidad. En breve, lo que hacen los dueños de negocios, ir adonde los dueños de negocios van y hablar como los dueños de negocios hablan.

Una vez que tu mercado objetivo está definido y sabes el tipo de retos que ellos enfrentan y por lo tanto las soluciones de tú puedes ofrecer, necesitamos decidir cómo vamos a contactar a estas personas.

Una serie de preguntas necesitan ser consideradas:

- ¿Será por teléfono? ¿Medios sociales? ¿Correo electrónico? ¿Algo más?
- ¿Vamos a hacerlo nosotros o le pagaremos a un profesional externo?
- ¿Una llamada seguirá a un correo electrónico contacto electrónico o nosotros usaremos los medios sociales?
- ¿Cuál es el costo y el porcentaje de la tasa de éxito de tu método de campaña elegido?

Los medios sociales y la Internet han disminuido el costo de las campañas a casi cero, pero el índice de éxito también ha disminuido.

No solo deberías averiguar estas cosas antes de progresar, sino que también es importante monitorizar tus resultados. Solo entonces sabrás si tu campaña está funcionando o no. Como con el reclutamiento, si vas a realizar protección con métodos de marketing diferentes que las referencias te sugiero emplear el marketing profesional. Si se hace adecuadamente, será instantáneamente rentable a pesar de que necesitará un pequeño capital inicial. Si esta está más allá de sus posibilidades, entonces anda un seminario o lee libros acerca de tu área de marketing escogida, tal como el correo directo.

2. Qué no hacer

Sé cauteloso de los anuncios impresos y en línea o de tener un espacio en las exhibiciones. Esto es notoriamente difícil de probarse como rentable para la mayoría de los asesores financieros. Para prueba mira los anuncios en los mayores periódicos financieros o en páginas web. Mayormente son ofertas directas o productos inferiores, en los cuales los anunciantes cara a cara no deberían estar muy interesados. No buscamos competir con los gigantes de ofertas directas, ya que la mayoría de ellos tienen bolsillos más profundos que nosotros y nos ganarán en una guerra de precios. Quedamos atrapados en lo que se llama 'mercantilización de productos', simplemente tratando de cambiar más y más de nuestras mercancías (volumen) y a un precio más barato (descuento). Te sugiero que lo dejes en las manos de compañías con las palabras 'directo' o 'en línea' en su nombre mientras nosotros nos enfocamos en la calidad. Adicionalmente el requerimiento regulatorio para las 'letras pequeñas' también está en efecto. El espacio de publicidad por el que TÚ estás pagando está siendo usado por el cuerpo regulatorio para SU anuncio. Esto es hecho en el nombre de la protección al consumidor, a pesar de esto no puedo más que preguntarme como a las compañías de artículos para el hogar se les permite vender productos de calidad inferior.

¡Ya sabes, los que vienen con una alarma gratis, bolso de viaje o vouchers de tiendas, directamente a través de anuncios en los periódicos! Si un anunciante recomienda aquellos productos altamente cargados e inflexibles típicamente comprados por aquellos con bajos ingresos, es poco probable que el anunciante vea el caso a través del cumplimiento. Sin embargo, a ellos se les permite sobrevivir. ¡Tal vez una teoría de conspiración para otro día!

Las exhibiciones financieras son frecuentadas notoriamente por eternos asistentes en búsqueda de una comida gratis. El gasto y tiempo involucrados raramente justifican los resultados.

Estoy al tanto de que con los anuncios impresos y puestos de exhibición habrá historias de éxito. Los vendedores de espacio para los anunciantes y organizadores de exhibiciones no estarán de acuerdo conmigo, pero me mantengo firme en que las historias de éxito son la excepción en lugar de la regla.

3. Seminarios

Una de las maneras más efectivas de realizar protección además de obtener clientes de referencias es la venta de seminarios. (Ver apéndice A-3) Al igual que con cualquier tipo de prospección, define tu mercado objetivo primero. Por ejemplo, ¿quieres que los retirados con grandes sumas inviertan o prefieres a los dueños de negocios? Tu mercado objetivo determinará entonces el contenido del seminario. Al igual que con todos los aspectos de tu negocio, mantén datos completos, empezando con el número de personas invitadas, a quienes aparecen en el día. Luego registra el número de visitas hechas y los negocios completados después. Recuerda registrar las finanzas, ¿cuánto cuesta el seminario y cuál es el retorno? ¡Mantén los datos, ya que para cada seminario que pasa tienes que calcular los promedios para evitar cualquier 'pico de datos' causado por una gran inversión o el entrenamiento de asistentes que se presentan! No hagas simplemente un seminario. Necesita ser un programa completo, realizado a través del curso de un año o mejor aún, muchos años. El contenido puede permanecer siendo el mismo, tal vez con elementos lógicos siendo cambiados para mantenerlo fresco, pero el hecho es que la fecha en la que lo realizas no será conveniente para nadie. Al realizar los seminarios regularmente, aquellos que no pudieron asistir a la primera fecha probablemente asistirán a la segunda o tercera. Y aquellos que asistan podrían recomendar fechas futuras a amigos y colegas. Por la misma razón apunto a realizar más de una al día, tal vez teniendo una sesión de la mañana, una después del mediodía y una en la noche.

Recuerda tu primera presentación de ventas a un prospecto. ¡Mirando hacia atrás, probablemente no fue muy grandiosa! Pero como te has repetido y vuelto más seguro de ti mismo a lo largo de los años tú probablemente podrías hacerlo ahora en piloto automático. Es lo mismo con los seminarios. No esperes milagros desde el día uno, pero persevera. Antes de comenzar, decide el número de seminarios por día y el número durante el año y presupuesta consecuentemente en tu plan de negocios.

Lo que ahora sigue son unos cuantos consejos para hacer de tus seminarios un éxito:

- comienza cinco minutos tarde para que se minimicen las interrupciones de los tardones;
- evita fechas que colisionen con eventos mayores (bodas reales, señales deportivas, feriados públicos);
- la ubicación escogida debería tener suficiente personal de estacionamiento profesional y debería estar a 20 minutos de viaje de los asistentes
- deberías apuntar a tener 25 asistentes;
- asegura que la sala escogida puede hacer 'encogida' o 'agrandada' en caso de que el número de personas varía mucho de lo previsto;
- elige un local con aire acondicionado;
- no sirvas alcohol;
- vístete para impresionar; y
- guía a los asistentes para llenar las sillas del frente

La experiencia ha demostrado que no es el día en sí mismo la parte difícil si no es más probablemente el acto inicial de tener suficientes personas en la sala. Conozco asesores que realizan excelentes seminarios quienes han entrenado y operado sus propias operaciones de seguimiento mediante correos directos y televentas. Al mantenerlo todo interno, ellos retienen control y tienen bajos costos.

En mi compañía hemos decidido externalizar esto y contratado una compañía de televentas para supervisar toda la operación. Aunque esto incrementa el costo nos han dado una garantía acerca del número de asistentes y también un 'umbral de calidad', que significa que si alguien que ha llegado allí es solo por la comida gratis ellos reemplazarían el nombre gratis.

Generalmente, el objetivo del seminario debería ser una llamada a la acción y dejar a los asistentes buscando una reunión cara a cara. El seminario debería servir a un propósito dual, primero informar a los asistentes que ellos tienen un problema y segundo, dejarles saber que somos capaces de resolverlo.

4. Creación de redes e introductores profesionales

Con creación de redes yo no me refiero a las organizaciones malignas de pirámide sino más bien simplemente a incrementar el número de relaciones mutuamente beneficiosas de ganar-ganar que tú tienes con otras personas u organizaciones. En un nivel simple y una forma de uno a uno, la forma más popular es usar los servicios de un introductor profesional. Típicamente, un buen introductor de negocios para un asesor financiero es un contador o un abogado. Cada vez más, a medida que la especialización se vuelve la norma, habrá una necesidad de diferentes relaciones con las dos prácticas, por ejemplo, el socio de traspaso en el abogado asociado con un experto de hipotecas y el abogado corporativo que se relaciona con un especialista en seguros comerciales.

A pesar de que estos dos son frecuentemente los primeros a tener en mente, con un poco de pensamiento los otros vendrán abultados y rápido. Hay ejemplos obvios tales como agentes de bienes raíces, brókeres de seguros generales o consultores administrativos. Todos ellos tendrán la necesidad de externalizar ciertas tareas a servicios financieros de profesionales.

Con la creación de redes la situación no debería favorecer solo a un lado y para ser exitosa debería ser de ganar-ganar. A un nivel básico, el asesor financiero simplemente puede compartir el pago de remuneración al introductor y agradecerle por los negocios introducidos, pero esto podría causar problemas éticos en algunas profesiones. Un resultado puntualmente más aceptable puedes enviar clientes por el otro camino, por ejemplo, recomendando el abogado de traspasos a tus clientes de hipotecas y el contador a aquellos que necesiten completar una declaración de impuestos. Este es el enfoque que yo siempre tomo, removiendo cualquier forma de pago de la relación.

Hay muchas organizaciones que se dan cuenta de que los arreglos como los anteriores pueden funcionar realmente y han configurado alianzas formales para asistir a aquellos que quieren referir. Esto frecuentemente toma la forma de una reunión de desayuno o de almuerzo.

Mientras que configurar tu propio grupo seleccionado de introductores profesionales es frecuentemente la ruta más atractiva a seguir, todos los involucrados deben estar al tanto de los parámetros en los cuales estarán trabajando. ¿Se van a hacer pagos, si es así de cuánto? Cómo deberían ser tratados los referidos, que va a pasar si la relación se vuelve de un solo lado y así sucesivamente.

Las organizaciones de creación de redes profesionales tendrán una respuesta a estas preguntas, pero sé precavido de aquellos que cobran una tarifa fija alta e insiste en que un cierto número de referidos se den en cada reunión, ya que esto puede frecuentemente llevar a malos sentimientos y referencias subestándar dadas simplemente para alcanzar cuotas.

Si la creación de redes éticamente es un método que quieres intentar entonces mi consejo es que comiences por tu Cámara de Comercio local. Las reuniones y eventos de creación de redes serán con otras personas de negocios (por eso es estamos) todos buscando mejorar y desarrollar sus negocios. Si tu enfoque es con una vista de largo plazo para ayudar a otros, entonces tendrás éxito. Tú debes estar genuinamente interesado en aquellos con los que tú hablas. Una buena pregunta de apertura es "¿cómo comenzaste en tu negocio?" Estate preparado para que las puertas se abran. ¡Todos amamos hablar acerca de nuestro negocio y de nosotros mismos y en una sala llena de gente buscando contar su historia alguien que escucha es un recurso valioso!

Si tú te enfocas a la creación de redes al ver una sala llena de extraños con quienes podrías hacer negocios inmediatamente para ser marcado o tachado de una lista, entonces estás condenado al fracaso. Debes desarrollar una excelente reputación, mayormente por ser honesto, confiable y experto, y luego las presentaciones seguirán.

5. Boletines

En el capítulo 6.5, en referencias, mostré que para obtener referencias de calidad debería haber un mejor uso de tus recursos que enviar un boletín a los clientes, siendo el pensamiento que, al enviar un boletín a todos tus clientes, tú puedes tener referencias de todos los clientes y el objetivo debería ser solo tener referencias de los mejores. Haciendo eso a un lado, un boletín puede ser una excelente manera de mantener tu nombre enfrente de las personas. Escribir un boletín es un arte y es mejor probablemente dejarlo a aquellos que lo hacen como medio de vida. ¡Yo mismo, como asesor financiero y autor en ciernes puedo garantizar que lleva tiempo asegurar que una publicación o artículo no tenga errores u omisiones y parece ser que no importa cuántas veces un artículo sea revisado, frecuentemente hay un error tipográfico en la publicación! Una vez que añades todos los problemas de cumplimiento que esto podría crear, entonces pueden ver el sentido de externalizar este trabajo. Existen muchas compañías quienes proporcionarán un boletín mensual o trimestral para ti. Ellos crearán todo el contenido y se asegurarán de que cumpla con los requerimientos y tus detalles estarán impresos en la cubierta dando la impresión de que es solo tuyo. Esto podría estar en un rango de algunos peniques por una sola hoja y unas cuantas libras por una revista de múltiples páginas a color. Recuerda incluir el costo de los sobres y envío postal cuando ingreses tu presupuesto de boletines en tu plan de negocios.

Una ruta más popular hoy en día es el boletín electrónico. Este tiene la ventaja de ser considerablemente más barato que la tradicional versión de papel, pero naturalmente se le percibirá con menor valor inherente a los ojos del receptor, ya que muchos clientes están al tanto de la naturaleza transitoria de la información electrónica. Si vas a producir un boletín electrónico asegura que use tecnología y sea personalizado y llame la atención. Otro beneficio de los boletines electrónicos es que son relativamente baratos y fáciles de almacenar como recurso en tu página web. Los clientes pueden en turno leerlos, ahorrándote dinero y permitiendo a tus clientes obtener información en un momento conveniente para ellos, no solo cuando tú estás disponible.

Entonces para recapitular los colores:

- Rojo - cara a cara;
- Azul - haciendo prospección;
- Verde - personal;
- Amarillo - viaje; y
- Negro - trabajo administrativo.

Al final de cada día, debemos pasar cinco minutos totalizando cuan largo como porcentaje de nuestro día, hemos pasado en cada uno de los colores. En un viernes pasado 10 minutos totalizando la semana y al final de cada cuatro semanas paso 30 minutos revisando el 'mes' - recuerda que tenemos 13 'meses' de cuatro semanas en el año.

Al usar tan solo unos cuantos de los conceptos del plan de éxito la mayoría de nosotros deberíamos ser capaces de ganar cuatro semanas extra al tener 13 'meses' en lugar de 12.8 horas adicionales al reestructurar o no viajar y de 10 a 20 horas adicionales al delegar.

Considera lo que nosotros llamamos una semana perfecta. La mía está en el diagrama 7.1. Deberíamos planificar en nuestro diario poniendo espacios para reuniones con clientes, tiempo con nuestra familia, ponernos al día con trabajo administrativo y así sucesivamente. Apégate a esto. No permitas que los clientes dicten cuando los veremos. Pregúntales que espacio de cita les gustaría a ellos como elección. Recuerda que este es tu plan de éxito. Tú estás a cargo y tú defines el éxito. Podríamos querer extenderlas a lo largo de la semana o concentrarlas en unos cuantos días. Nuestra industria está llena de diferentes estilos y enfoques. Encuentra cuál funciona para ti. ¡Por alguien que sueña en ganar 1 millón de libras y trabajar ocho días a la semana para alcanzarlo hay alguien que quiere pasar un poco de tiempo en el trabajo y tanto tiempo como sea posible con su familia y hay aquellos a quienes les gustaría tener tiempo para ambos!

En el ejemplo, el tiempo gris es libre. Podemos tener asuntos de administración de negocios, tomar parte en sesiones de entrenamiento, atender asuntos personales, de hecho, puede terminar de cualquier color que tú quieras. Cuando hagas tu propio planificador, podríamos terminar, con más gris que en el ejemplo o nada en absoluto. Lo que es importante es que hemos planificado todo el otro tiempo por adelantado.

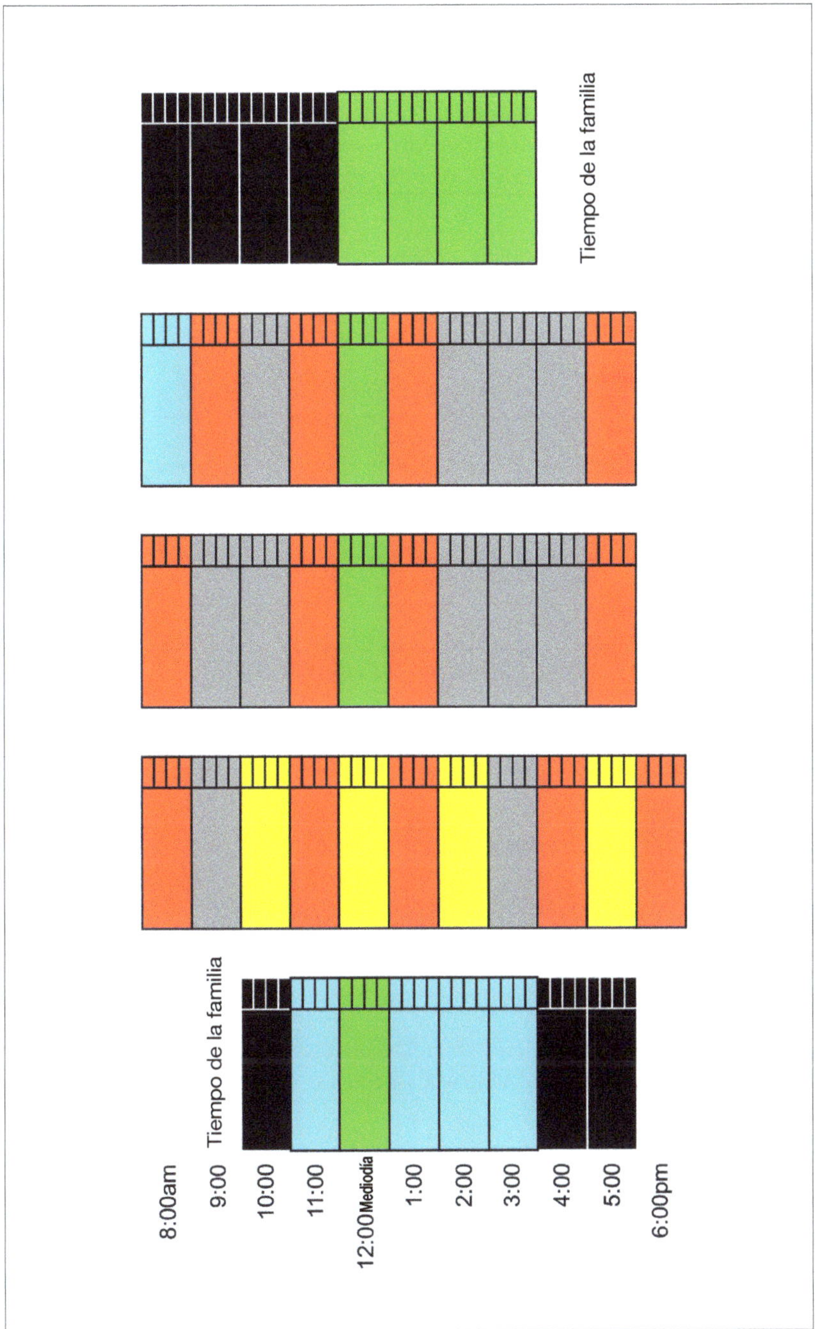

Diagrama 7.1 – Semana ideal

Dale una mirada al diagrama 7.2. Este es el sistema de objetivos diarios que se encuentra en el corazón del plan de éxito. Proporciona un registro en curso de nuestra actividad y su finalización satisfactoria garantiza el éxito. También tiene un mecanismo a prueba de fallas así que si las cosas están yendo mal podemos ver inmediatamente el área que necesita mejorar o ser cambiada. En el lado, también seremos capaces de ver áreas que están funcionando y desarrollándose en esas fortalezas.

1 Llamadas		2 Hablar	3 Reservados	4 Visto	5 Venta
					5 Recomendación
			Objetivo	Total	

1 Punto = Hacer una llamada

2 Puntos = Conversación significativa

3 Puntos = Reservar una cita

4 Puntos = Mantener cita

5 Puntos = Venta / tarifa ganada

5 Puntos = Cada referencia

Diagrama 7.2 – El sistema de puntos diarios

¿Así que como funciona? Cada día, para ser exitosos en nuestras prácticas y alcanzar nuestros objetivos existen un número de cosas que debemos hacer.

En mi primera reunión MDRT escuché esta frase "el éxito o grandeza es un asunto de números pequeños, una llamada más por teléfono, una cita más, una vez para alcanzar el propósito...". (Ver apéndice A-8)

Esto es algo básico y a todos nos lo enseñan desde el día uno en la industria, justo como lo mencioné en el capítulo dos, pero lo voy a confirmar e imprimirlo otra vez ahora.

Se llama el 'círculo de ventas'.

Repasando, esto me recuerda la frase "¿alguna vez has tenido una idea de ventas tan buena que dejaste de usarla?" Eso es de lo que se trata esto. ¡Es muy simple y todos estamos acostumbrados a hacerlo, pero luego nos volvemos exitosos y paramos!

Cada parte del negocio comienza por levantar el teléfono. Puede ser una referencia, un lead de publicidad o algo más, pero tenemos que levantar el teléfono. Incluso en este día y tiempo de comunicaciones electrónicas, una vez que el contacto se ha hecho, un contacto de voz de algún tipo usualmente le sigue. Entonces tenemos que hablar con el prospecto y reservar una reunión. Realmente tenemos que llevar a cabo la reunión y hacerla una venta. Al final necesitamos pedir una referencia y así podemos comenzar el círculo de ventas otra vez.

Esto es una cosa simple, los bloques constituyentes de nuestra profesión, pero aún tenemos que hacerlos, desde el nuevo recluta en el día uno hasta el asesor con 25 años de experiencia. No importa cómo cambia la tecnología la manera de contacto, el concepto aún se aplica. Si no hacemos cada etapa del círculo de ventas y nos mantenemos dando vueltas entonces nuestros ingresos disminuirán.

Cada etapa del círculo de ventas va sobre el cuadro y cada etapa tiene un valor en puntos. Mientras más difícil será la tarea, más puntos tendremos que anotar para completarla. Para el éxito garantizado necesitamos anotar un número determinado de puntos cada día.

Los puntos se otorgan como sigue:

1 punto - cada vez que marcamos un número de teléfono, lleguemos a hablar con alguien o no;

2 puntos - cada vez que hablamos con un cliente o prospecto;

3 puntos - cada vez que programamos una reunión;

4 puntos - cada vez que celebramos una reunión con un cliente o prospecto;

5 puntos - cada vez que hacemos una venta u obtenemos una referencia

El número mágico para el plan de éxito es 74. En otras palabras, para garantizar el éxito necesitamos 74 puntos cada día.

Si queremos garantizar el éxito, necesitamos 74 puntos por día.

¡No sé por qué, es así simplemente! He intentado 50 y no es suficiente y he intentado 100 y es demasiado. Sugiero que se haga de la siguiente manera:

5 puntos por cada venta;

5 puntos por cada referencia;

12 puntos por cada tres reuniones;

12 puntos por cuatro reuniones programadas; 20 puntos por hablar con 10 personas;

20 puntos por 20 llamadas de teléfono.

Existen por supuesto muchas combinaciones para hacer los 74 puntos, sin embargo, 74 puntos funcionan.

Todo comienza en el principio del círculo de ventas. Si no tenemos prospectos en absoluto, vamos a tener que agarrar las páginas amarillas o comprar una lista de números y comenzar a llamar. Podríamos necesitar hacer 50 llamadas para obtener nuestros 74 puntos, pero entonces estaremos fuera y corriendo. A medida que nos volvemos mejores en el teléfono no necesitaremos hacer muchas llamadas para hablar con las personas y los puntos se añadirán rápidamente. Una vez que estemos hablando con la persona correcta, es más fácil hacer citas.

A medida que realizamos una acción, marca un recuadro para registrarla. Hay espacio adicional abajo de cada columna para registrar una acción si vamos sobre el objetivo.

Si estamos diciendo las cosas correctas a las personas correctas entonces la mayoría de nuestras reuniones deberían tener lugar. Voy a asumir que la mayoría de los lectores saben que decir cuando están enfrente de prospectos (si no es así, busca consejo de aquellos asesores y agentes en tu compañía a quienes respetes o asiste a un seminario local o reunión MDRT y pregunta a quién conozcas) y esto se traduce en ventas y puntos más altos. Desde una venta, un prospecto se vuelve un cliente que no debería tener objeción en darnos referencias, así que empezamos otra vez.

La mayoría de mi negocio viene de referencias de clientes o profesionales así que desarrollo y obtengo puntos de esa forma. Pero el círculo no se mantiene avanzando a menos que los contactes, hablés con ellos y les dé una razón buena para la una reunión, verlos y mostrarles que puedo crear valor en sus vidas y ultimadamente completar algunos negocios. Cada vez todavía tengo que obtener más referencias.

La combinación sugerida arriba no debería tomar más de 5.5 horas al día:

30 minutos de llamadas;

1 hora de hablarle a 10 personas;

4 horas de ver a dos personas;

Dejando el resto del día para el tiempo personal, trabajo administrativo, etcétera.

Al combinar el sistema de puntos con el diario planificador y análisis de tiempo tenemos todo lo que necesitamos para garantizar el éxito cada día de la semana en una hoja de papel. Deberíamos conservar esta hoja enfrente de nosotros en nuestros escritorios como un recordatorio constante de nuestros objetivos diarios.

Hay un ejemplo en blanco en el diagrama 7.3 y un ejemplo completado en el diagrama 7.4. Mira cómo los puntos se añaden al final de las columnas reflejando la actividad del día. Los segmentos son coloreados. Con las citas y tareas al final de cada día está el tiempo total gastado en cada color de actividad.

Deberíamos mantener existencias de estos planificadores en blanco enfrente de nosotros, con las fechas sobre cada día. Yo siempre tengo guardadas 12 semanas, lo que me permite planificar mi actividad diaria con tres meses de anticipación. Para hacer más fácil de usarlo lo ampliamos en una fotocopiadora al tamaño de un bloc de notas de escritorio.

Incluso con mi diario en la pantalla enfrente de mí, disponible en escritorio, dispositivo portátil y teléfono móvil/celular, aún mantengo el sistema de diario de papel. ¡La falta de señal de wifi o una falla del sistema no me detendrá en mi búsqueda de alcanzar mis metas!

También hay un poderoso conjunto de planificadores de metas y herramientas de análisis que van con el plan de éxito de una página, posibilitándonos rastrear nuestras estadísticas vitales de negocios, como el número de primeras reuniones, tasas de cierre, progreso en los objetivos de producción anual, tamaño de caso promedio en curso y tarifa horaria, entre otros.

Durante los años ha habido muchos sistemas exitosos de registro de negocios y de análisis y todos ellos tienen sus pros y sus contras. Algunos usan menos datos que el plan de éxito, otros usan más. ¡Más datos pueden llevar una apreciación más profunda, pero también está el peligro de que la sobrecarga de información nos lleve a una confusión más profunda! Muy pocos datos no ayudan a nadie.

Sugiero para los nuevos incursores en los servicios financieros mantener el registro de las reuniones realizadas, reuniones canceladas y producto y ventas, alcanzar tasas es una buena práctica de negocios. Estas te ayudarán a ubicar cualquier reto que puedas enfrentar más pronto que después.

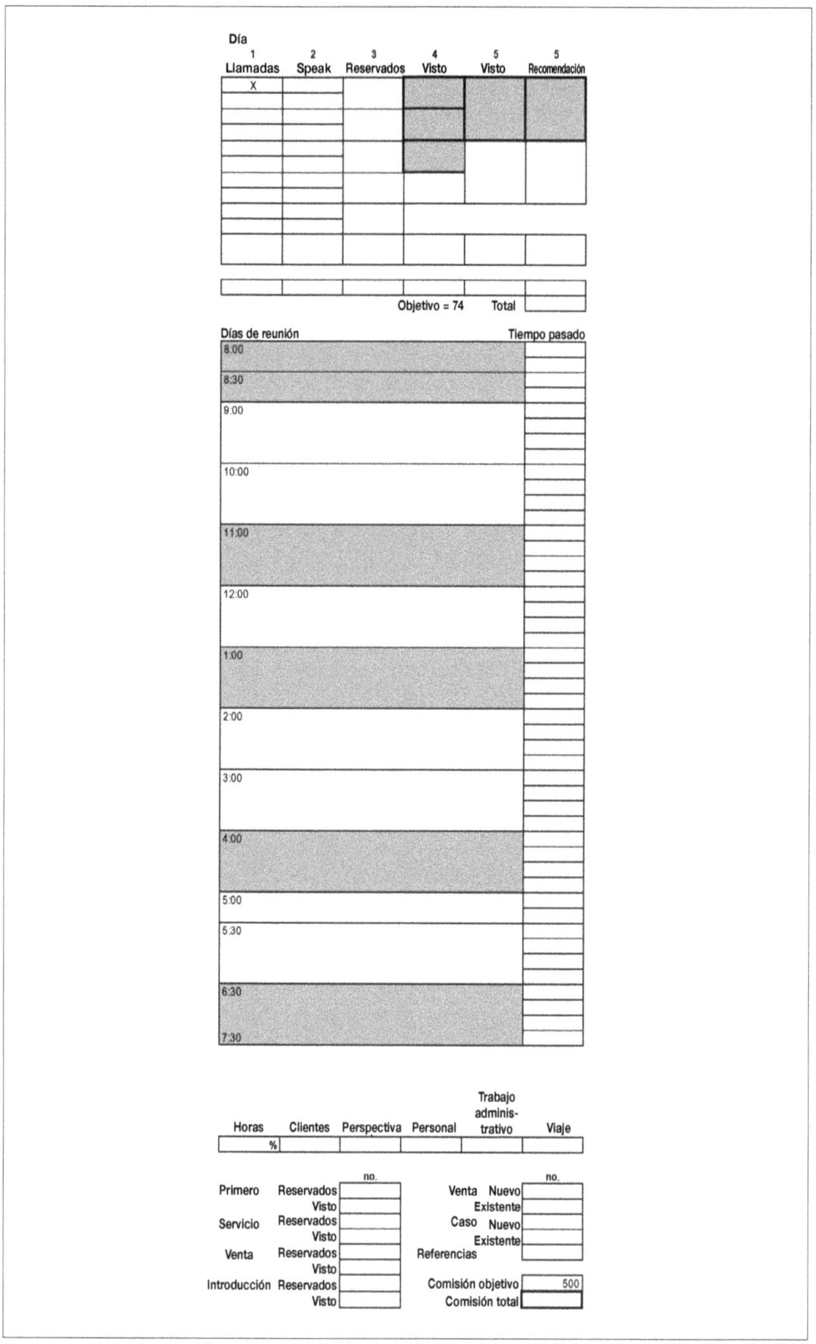

Diagrama 7.3 – El planificador de éxito en blanco

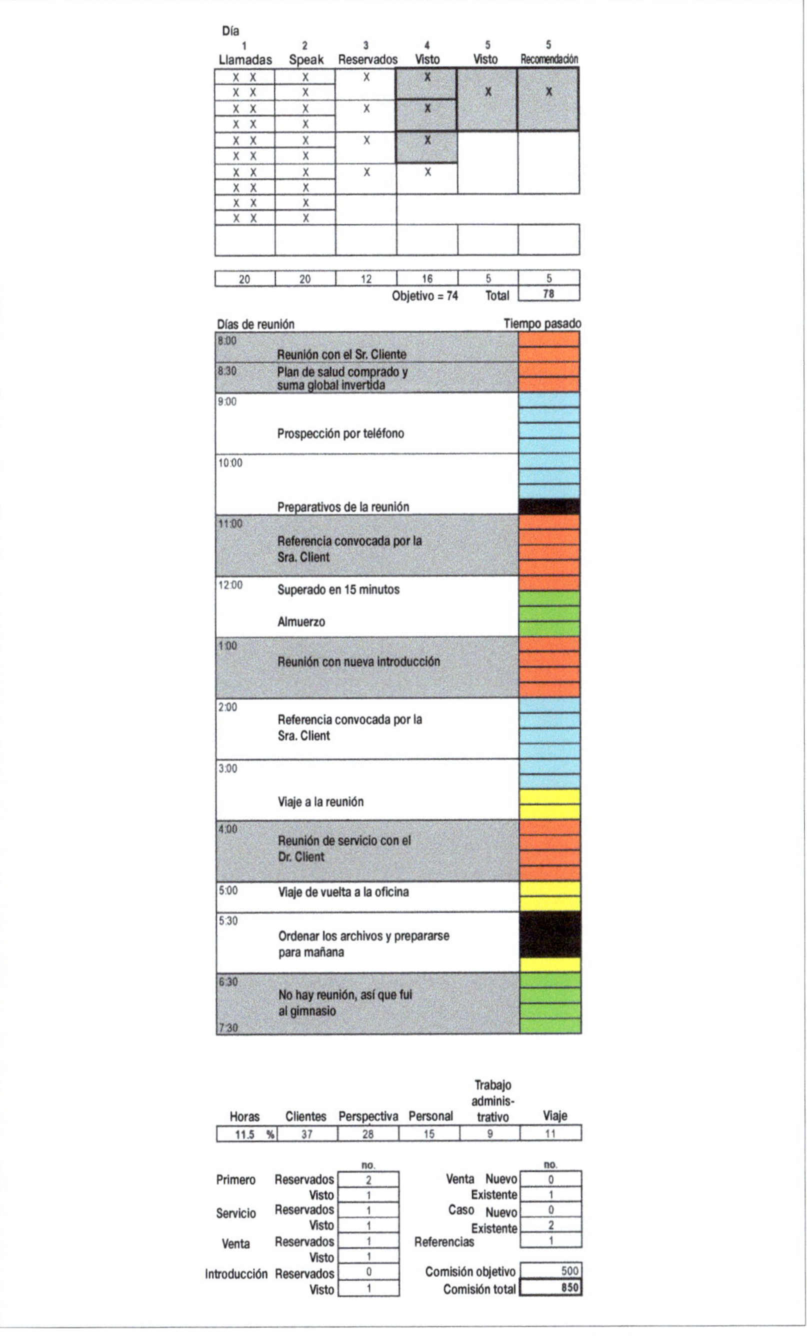

Diagrama 7.4 – El planificador de éxito completado

Por ejemplo, si estás reservando reuniones y el número de personas está subiendo, pero las ventas no parecen estar siguiéndolo, puedes buscar entrenamiento técnico o habilidades de venta. Tú probablemente también encontrarás que las referencias tampoco están disponibles. Una de las otras verdades del círculo de ventas es que tú tienes que ir de derecho al revés, en el orden correcto y parar en cada etapa para ser capaz de completar el círculo. No hay atajos. En el principio de una carrera es importante conocer tus tasas. El famoso sistema de 'una tarjeta' (ver apéndice A-9) usado en muchas agencias en los Estados Unidos presume que 10 llamadas llevan a tres citas las cuales llevan a una venta. Entonces para hacer matemáticas básicas con cuatro ventas dice que necesitamos hacer 40 llamadas.

Una vez, yo estaba cómodo y confiado en el teléfono, así como había practicado en mis presentaciones encontré que tenía una tasa de éxito de dos de tres (o 66%). Yo reservaría tres reuniones de las cuales dos irían bien. Adicionalmente de cada tres de ellas, obtendría dos clientes. Desarrollando mi tasa de llamadas de citas en cinco llamadas para dos reuniones y sabía que tendría que hacer 23 llamadas para alcanzar cuatro ventas.

En esos días levantar el teléfono, al inicio del círculo de ventas necesitaba ser hecho 23 veces para alcanzar el objetivo. Ahora son más como cuatro de cinco llamadas para hacer cuatro ventas, pero sin toda esa práctica no podría ser capaz de alcanzar las tasas de hoy en día. Y sin llevar registro yo sabría si estaba mejorando o empeorando. El ver mis tasas bajando fue uno de los factores clave que me mantuvo continuando en los primeros días. Esto me provocó que me estaba volviendo mejor y como vi mi tasa de éxitos en ventas mejorar también yo supe que era bueno en mi trabajo.

Para la mayoría de los asesores experimentados es probable que el número de clientes no esté subiendo para las reuniones, o el número de 'reuniones de cierre' donde el número de ventas que son hechas es muy pequeño. Esto no socava los datos, pero puedes sentir que estás en una etapa en la cual pocas reuniones no ocurren por razones genuinas en que las cifras no valen la pena ser rastreadas. El mismo principio aplica también a las llamadas. El asesor experimentado probablemente alcanzará una etapa en la cual casi todas las llamadas den como resultado una reunión, otra vez representar el rastreo y análisis de tales datos es innecesario. ¿Por qué hacer más trabajo del que ya tienes?

La sección en la base de cada día del planificador de éxito es donde tú registras tu actividad y producción (mira los diagramas 7.3 y 7.4). Para el asesor experimentado esto usualmente tomará la forma de un número de reuniones, divididas en primera, de servicio, luego ventas e introductores.

Las ventas son registradas y desglosadas en el número de casos y si son de clientes nuevos o existentes. Cada número de referencias recibido también será registrado como producción actual del día contra la producción diaria objetivo.

Adicionalmente, el nuevo asesor debería registrar el número de reuniones reservadas, divididas como arriba, en primera, de servicio, luego ventas e introductores. Esto ayudará al nuevo asesor a monitorizar cómo están yendo sus llamadas y como están sus tasas de conversión. Si un nuevo asesor tiene muchas reuniones, pero todas con clientes existentes o gente que ya conoce, hay una probabilidad de disminuir la velocidad a la vuelta de la esquina, ya que el potencial de ventas de aquellas personas pronto se acabará. El asesor necesita reservar más nuevas personas, ya sea por llamadas en frío, marketing o el método preferido para obtener referencias.

Esta cifra es luego totalizada semanalmente, junto a las horas pasadas en cada una de las secciones de color (rojo - cara a cara; azul - realizando prospecciones; verde

- personal; amarillo - viaje; o negro - trabajo administrativo) y cada cuatro semanas (nuestro 'mes') las cifras serán transferidas a una hoja de cálculo de actividad.

Como puedes ver desde el año parcial en el cuadro superior del diagrama 7.5, las cifras que rastreo en actividad son justo como las de arriba, el número de días de ventas, número de días de administración, número de días libres. Estos siempre totalizan 28, ya que yo trabajo en bloques de cuatro semanas. Las reuniones son tomadas directamente desde la página principal del planificador y desglosadas en primeras, de servicio, de cierre e introductorias.

Los nuevos asesores también pueden desear hacer lo mismo con las llamadas para que así puedan monitorear las tasas de llamadas conversiones. El número de casos (o aplicaciones) están junto al número de referencias. La producción total es también desglosada en producción de clientes nuevos o existentes. La cantidad total de horas pasadas en el trabajo es desglosada en tiempo cara a cara, de prospección (seminarios), tiempo personal, tiempo de viaje y tiempo de trabajo administrativo (recuerda los colores). Finalmente, la tarifa en libras por hora es calculada. Esta es una cifra clave. Si no tenemos idea de nuestro verdadero valor, ¿cómo le cobraremos a los clientes una tarifa realista o incluso esperar tener una ganancia? Para refrescar tu memoria en calcular tu tarifa por hora objetivo para medirla frente a la actual, vuelve a leer el capítulo cinco.

Las cifras de producción de la página principal del plan de éxito son luego transferidas a una segunda hoja de cálculo (el cuadro inferior del diagrama 7.5). Cifras escritas y emitidas son luego transferidas a un gráfico (ver diagrama 7.6).

Frente a objetivos para dar una instantánea del progreso del año hasta la fecha. Date cuenta cómo los objetivos para escritas y emitidas son ligeramente diferentes para permitir una caída de los negocios debido a circunstancias más allá de nuestro control. Estas cifras son luego analizadas para proporcionar un

Período	Días		Llamadas		Reservados					Actividad Visto					Casos	Referencias£	Prod		Horas		%					£/hr
	Ventas	Administración	Fuera		Primero	Servicio	Venta	Intro-ducción	Total	Primero	Servicio	Venta	Intro-ducción	Total			Nuevo	Existente	Total		Clientes	Perspectivas	Particular	Administración	Viaje	
1	12	9	7	80	21	16	21	6	64	14	12	18	4	48	21	15	4600	5900	10500	220	40	20	10	20	10	48
2	14	8	6	93	18	12	20	4	54	13	10	13	3	39	18	12	5800	5200	11000	180	45	15	10	20	10	61
3	10	10	8	102	24	28	22	4	78	18	20	16	4	58	20	10	6800	8200	15000	190	55	10	5	15	15	79
4	13	9	6	50	14	12	16	2	44	12	12	16	2	42	26	8	21000	9000	30000	210	70	10	5	5	10	143
5	6	8	14	32	10	5	5	1	21	8	5	5	1	19	8	2	1000	4000	5000	96	35	10	40	10	5	52
6	…	…	…	…	…	…	…	…	…	…	…	…	…	…	…	…	…	…	…	…	…	…	…	…	…	…
7																										
⋮																										
13																										
Total	…	…	…	…	…	…	…	…	…	…	…	…	…	…	…	…	…	…	…	…	…	…	…	…	…	…

Período	Casos Ventas	Casos Existente	Total	Año a la fecha	Producción bruta Ventas	Producción bruta Existente	Total	Año a la fecha	Objetivo GB Bruta	Varianza	Emitido pm	Año a la fecha	Objetivo GB Neto	Varianza	Caso promedio
1	9	12	21	21	4600	5900	10500	10500	8,500	2000	8,000	8000	7,700	300	500
2	10	8	18	39	6000	5000	11000	21500	17,000	4500	7,500	15500	15,400	100	611
3	11	9	20	59	9000	6000	15000	36500	25,500	11000	22,500	38000	23,100	14,900	750
4	18	8	26	85	18000	12000	30000	66500	34,000	32500	5,500	43500	30,800	12,700	1154
5	3	5	8	93	1500	3500	5000	71500	42,500	29000	12,000	55500	38,500	17,000	625
6									51,000				46,200		
7									59,500				53,900		
8									68,000				61,600		
9									76,500				69,300		
10									85,000				77,000		
11									93,500				84,700		
12									102,000				92,400		
13									110,500				100,100		

Diagrama 7.5 – Actividad

promedio de caso actual. El tamaño de caso promedio también es importante para medir el progreso a pesar de que a algunos asesores les gusta medir si es que ellos deberían tomar un nuevo cliente no por el tamaño del caso sino por el total promedio de ganancias en un año. Yo realmente actué, ya que pienso que el ingreso promedio que proporciona un cliente en un año nos dice si nos podemos permitir trabajar con ellos, pero el tamaño de caso promedio tiene gran importancia cuando planificamos nuestra lista de progreso en el trabajo (ver capítulo nueve).

Finalmente, estas cifras mensuales (un 'mes' es un periodo de cuatro semanas - recuerda que el 13 de ellos) son insertadas dentro de los 'mejores 20' (diagrama 7.7) mostrando el mejor desempeño contra la apatía y conformismo y asegurar un constante movimiento hacia adelante. Precisamente como es para las estrellas pop, el grandioso ver como una reciente 'va hacia ser el número uno' y si tus 10 mejores meses son todos de algunos años atrás entonces es improbable que tu negocio esté creciendo, así como las ganancias.

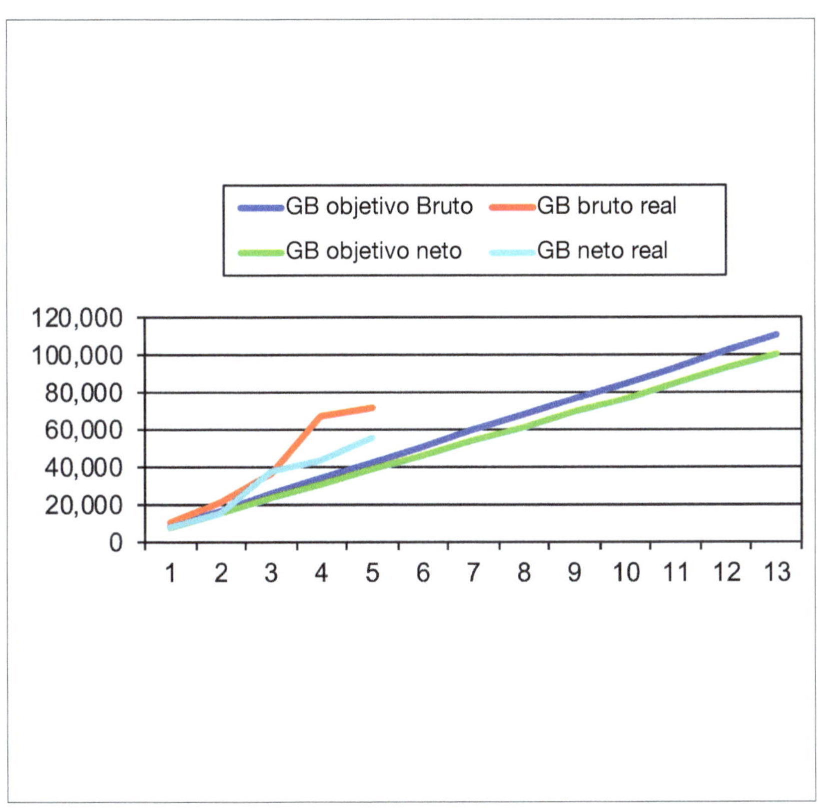

Diagrama 7.6 – Año a la fecha

Mes	Escrito	Casos	Promedio
Dec-00	56,480	33	1712
Aug-01	40,735	22	1852
Aug-00	33,459	25	1338
Mar-98	31,778	32	993
Mar-99	23,859	22	1085
Mar-00	23,693	21	1128
Jun-01	21,308	18	1184
Feb-00	19,746	14	1410
May-98	19,438	19	1023
May-01	18,482	17	1087
Apr-00	17,035	11	1549
Feb-99	15,214	16	951
Nov-98	14,325	19	754
Feb-98	14,317	15	954
Sep-00	14,131	10	1413
Mar-97	14,125	33	428
Nov-99	13,034	20	652
Apr-99	12,714	9	1413
Jun-98	11,829	6	1972
Sep-98	11,537	15	769

Diagrama 7.7 – Veinte mejores meses

También me gusta mantener un libro mayor de los negocios. ¡En los años pasados esto era un libro de papel rojo antiguo, pero ahora lo mantengo en la computadora y con un vínculo con el pasado el nombre de archivo para la hoja de cálculo es 'libro rojo' ¡El libro mayor del negocio (diagrama 7.8) mantiene un registro de los datos necesitados para mis registros personales, pero tiene el propósito dual de ser capaz de proveer aquellos importantes indicadores de desempeño claves (KPI) necesitados para un cumplimiento continuo y entrenamiento y revisiones de competencia!

Fecha	Cliente	Co	Empresa	Product	Prima	M/A/S	Bruto	Fecha de la propuesta	Presentado		Estado	Número de póliza
	......		......	......						......	......	
27-Jun-00	F Bloggs	IG	Scot Eq	PMI	9.21	M	191.77	8-Jun-00	1-Jul-00		En vigor	123d
30-Jun-00	N Normal	AC	Standard Life	PP	83.33	M	715.78	8-Jun-00	3-Jul-00		En vigor	abd4
30-Jun-00	N Normal	IG	Fidelity	ISA	65.00	M	0.00	8-Jun-00	3-Jul-00	**907.55**	En vigor	x45t
3-Jul-00	K Smith	IG	Fidelity	ISA	7000.00	A	210.00	29-Jun-00	5-Jul-00		En vigor	5th7
3-Jul-00	M Reddell	AC	Fidelity	ISA	350.00	M	10.50	29-Jun-00	5-Jul-00		En vigor	hjk9
3-Jul-00	V Williams	HJ	Fidelity	ISA	1000.00	S	30.00	24-Jun-00	5-Jul-00		En vigor	00x2
6-Jul-00	V Williams	HJ	Fidelity	ISA	350.00	M	10.50	24-Jun-00	7-Jul-00		En vigor	123-876
9-Jul-00	R Camderw ell	IG	Fidelity	ISA	5000.00	S	150.00	19-Jun-00	10-Jul-00		En vigor	345-gft
12-Jul-00	R Camderw ell	IG	Norw ich Union	Bond	20000.00	S	600.00	19-Jun-00	17-Jul-00		En vigor	345r
12-Jul-00	O Tipper	AC	Fidelity	U/T	68.00	M	2.00	27-Jun-00	17-Jul-00		En vigor	fgt432
15-Jul-00	O Tipper	IG	Norw ich Union	PP	85.90	A	737.86	27-Jun-00	17-Jul-00		En vigor	456hdg
15-Jul-00	N Portman	MR	Standard Life	PP	192.31	M	1710.89	28-Jun-00	17-Jul-00		En vigor	345sdf
17-Jul-00	S Bayliss	IG	Norw ich Union	IHT	201.60	M	1731.69	13-Jul-00	17-Jul-00		Caducado	345-yu
17-Jul-00	S Bayliss	IG	Norw ich Union	IHT	887.50	S	49.70	13-Jul-00	17-Jul-00		En vigor	45fg
20-Jul-00	S Jones	IG	Norw ich Union	PP	90.00	M	776.44	30-Jun-00	21-Jul-00		En vigor	45gh-uuy
21-Jul-00	A Samson	AC	Skandia	Bond	30000.00	S	900.76	19-Jul-00	21-Jul-00		En vigor	ew rt54
21-Jul-00	A Samson	AC	Skandia	U/T	500.00	M	15.00	19-Jul-00	21-Jul-00		En vigor	c876-0
21-Jul-00	D Glover	MR	Skandia	U/T	200.00	M	6.00	7-Jul-00	21-Jul-00	**6941.34**	En vigor	vsg344
2-Aug-00	C Appleyard	AC	Scot Widow s	PP	189.10	M	1624.35	28-Jul-00	2-Aug-00		En vigor	4r554r
2-Aug-00	B Little	HJ	Framlington	ISA	7000.00	S	210.00	1-Aug-00	2-Aug-00		En vigor	4355gs
2-Aug-00	J Long	MR	Skandia	ISA	7000.00	S	210.00	1-Aug-00	2-Aug-00		En vigor	897g5
2-Aug-00	V Williams	AC	Norw ich Union	ISA	7000.00	S	210.00	1-Aug-00	2-Aug-00		En vigor	879er
2-Aug-00	V Williams	AC	Axa Sun Life	Bond	33200.00	S	996.00	1-Aug-00	2-Aug-00		En vigor	132fg
2-Aug-00	V Williams	AC	Norw ich Union	Bond	100000.00	S	3000.00	1-Aug-00	2-Aug-00		En vigor	3124ghj
3-Aug-00	R Bishop	IG	Scot Life	PMI	206.53	M	3216.62	13-Jun-00	3-Aug-00		En vigor	45bng
3-Aug-00	R Bishop	IG	Scot Life	PHI	41.99	M	615.18	14-Jun-00	4-Aug-00		En vigor	56ghj
	......		......	......						......	......	

Diagrama 7.8 – El libro mayor rojo de ventas

Los encabezados son:

- un único caso de referencia para usarlo en la correspondencia;
- la fecha en que el trabajo administrativo fue completado;
- el nombre del cliente;
- el asesor;
- el proveedor (no es requerido si solo trabajas para una compañía);
- el producto;
- la prima y frecuencia;
- las comisiones o tarifas generadas;
- la fecha en que la propuesta fue firmada;
- la fecha enviada a la compañía de vida o casa de inversión y el estado de la póliza;
- el número de póliza, cuando es emitida.

Al usar un formato estándar para cada una de las columnas, las búsquedas y análisis pueden ser realizadas rápida y fácilmente. Por ejemplo, las pensiones del personal siempre son entradas como PP. Todo el personal está al tanto de esto como si diferentes personas ingresaron las cosas en diferentes formatos (por ejemplo P.P.P.O PersPen en lugar de PP) el análisis no podría ocurrir. Al mantener las diferentes fechas, tú también puedes registrar cuánto tiempo toma un caso en ir a través de tus procesos administrativos, útiles para identificar las necesidades de entrenamiento del personal, o cuan largo tiempo las compañías de vida toman para procesar el trabajo administrativo. ¡Útil cuando estás haciendo recomendaciones de clientes!

Debido a que puedes buscar y clasificar los datos con facilidad es un asunto simple calcular cuánto de nuestros ingresos está debajo de un tipo de producto particular o cuál de nuestros 10 mejores clientes es más importante. Estos hechos y muchos más son invaluables para el asesor de hoy en día quien, debido a fuerzas económicas, debe estar al tanto de asuntos como la rentabilidad si van a prosperar en el mundo moderno de comisiones reducidas.

Existen complejos y caros programas de computadora disponibles que harán todo lo anterior para ti. Con eso y una hoja de papel de cuadro y ahora uso una hoja de cálculo popular en la mayoría de las computadoras. Todos los cálculos de análisis fueron realizados usando el 'archivo de ayuda' del programa. ¡No es ciencia de cohetes, pero un entendimiento de matemáticas es necesario y algunos dirían que es un prerrequisito para un asesor financiero de cualquier manera!

Al combinar las estadísticas diarias de la página del plan de éxito y las hojas de cálculo de análisis mensual con las cifras objetivo-establecidas al principio de este libro, ahora podemos tener un plan de acción completo que podemos usar para garantizar el éxito en cada día. Sabemos cuántos días tenemos que trabajar y que tenemos que hacer y producir cada día para alcanzar nuestro objetivo anual. No hay excusas para no alcanzar el objetivo. Pueden haber razones válidas tales como "estaba enfermo", pero no hay excusas. Si no alcanzas tu objetivo o tu definición de éxito, serás capaz de ver exactamente por qué, desde no hacer las llamadas hasta no preguntar por referencias, desde no tener suficiente gente hasta pasar mucho tiempo haciendo trabajo administrativo. Es importante que si nosotros identificamos las razones para no alcanzar nuestros objetivos, que nosotros también tengamos las herramientas dentro de este libro para aprender de nuestra experiencia. Si vamos a aprender de una experiencia, esto no es una falla. "El único momento en el que podemos fallar es si nos rendimos".

Nuestras citas o espacios vacíos están enfrente de nosotros. El análisis de las páginas nos alertará acerca de cualquier pico o problema adelante y confirmará nuestro éxito. Los 74 puntos como objetivo diario están en vigor consistentemente. Este es frecuentemente el mayor reto para la mayoría de nosotros.

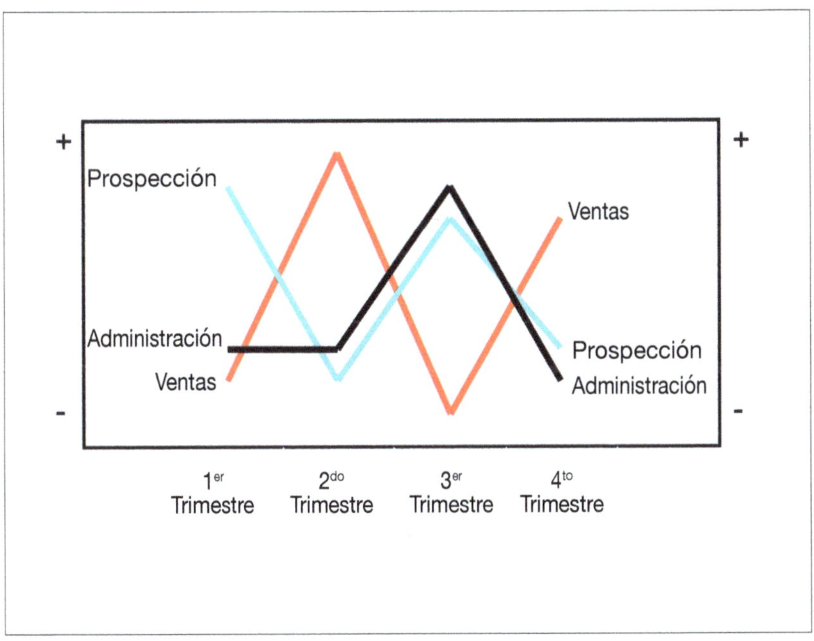

Diagrama 7.9 – Gráfico de tareas

Tenemos un período de prospección que crea muchas ventas y mucho dinero. Pero todas aquellas ventas nos fuerzan en mucho trabajo administrativo y antes de que lo sepamos no habremos realizado prospección durante una semana y el diario estará vacío. De regreso a las llamadas para llenar el diario, pero ahora estamos atrasados en el trabajo administrativo (ver diagrama 7.9). ¡Como dijimos antes es simple verse atrapado en los negocios, sacar los ojos de la bola, y encontrarnos detrás en las ventas, prospección, trabajo administrativo o todos ellos!

Si no estamos siendo exitosos para nuestros estándares, seremos capaces de ver porque y remediarlo. El sistema de puntos no es solo una increíble herramienta para mostrarnos lo que necesitamos para tener éxito, sino que es también una maravillosa herramienta analítica que puede mostrarnos lo que estamos haciendo bien y lo que estamos haciendo mal.

El sistema de puntos nos mantiene enfocados cada día en lo que necesitamos hacer y el momento en el que vemos una caída en los puntos en una área, sabemos dónde tomar medidas para remediarlo antes de que sea demasiado tarde. Esto es tocado brevemente en una sección anterior, pero para recapitular:

Por ejemplo:

Si estamos haciendo 20 llamadas, pero no llegamos a hablar con 10 personas podríamos estar llamando a las personas incorrectas o en un momento incorrecto, o ambos. No es bueno llamar a los dentistas cuando está trabajando, ellos están ocupados. Llámalos cuando su consultorio esté cerrado.

Si hablamos con 10 personas, pero no reservamos 4 reuniones, estamos diciendo las cosas equivocadas, así que considera ir a un curso o tener un coaching de voz. Piensa en una o dos afirmaciones que hagan que los prospectos se interesen. Existen ideas de ventas a lo largo de este libro. Tan solo una, aprendida y practicada será suficiente. Haz coincidir tu área de especialización y el motivo de la llamada con el prospecto. Por ejemplo, habla con los abogados acerca de planificación de propiedades y con los contadores acerca de exención de impuestos, no viceversa.

Si estamos reservando cuatro, pero no vemos a dos:

- no estamos confirmando citas o no dándoles una razón suficientemente fuerte para que el prospecto aparezca.

Si estamos viendo a dos, pero no vendiéndole a uno:

- podríamos necesitar entrenamiento de ventas, conocimiento técnico o necesitar ajustar nuestro cierre.

Si no estamos obteniendo referencias:

- probablemente no estamos preguntando, o no proporcionando estándares suficientemente altos de servicio al cliente.

El análisis puede seguir. Podemos darnos cuenta de que somos grandiosos en hacer ventas de referencias obtenidas, pero que toma muchas llamadas el llegar a una reunión. Podríamos considerar delegar la programación de citas a un especialista. Una vez que empezamos a usar el plan de éxito encontraremos otras formas de adaptarlo a nuestra manera de trabajar.

En resumen, pasaremos todo un día, sin interrupciones, trabajando en nuestro esquema del plan de éxito.

Comenzando con:

- ¿cuánto queremos ganar? (objetivo); y
- ¿por cuánto tiempo queremos ganarlo? (Se requieren días en el trabajo y producción diaria);
- luego calcular el tamaño de tu caso promedio y tasas de cierre para determinar cuántas citas necesitaremos;
- establece como objetivo estos espacios de reuniones en el plan de éxito junto al tiempo personal y familiar;
- informa a tus clientes acerca de la nueva práctica de trabajo acordándote de explicar los beneficios para ellos;
- registra tu actividad cada día, cada 15 minutos (o cada seis para cargar tarifas) y totaliza al final de cada día y cada semana;
- asegúrate de que alcanzas 74 puntos cada día.

Usa los conceptos del plan de éxito para mejorar tus colores:

- **Rojo** – Cara a cara con los clientes
  Mira a los clientes en tus espacios de citas
  Envía un cuestionario de reunión para encontrar hechos;
- **Azul** – Busca prospectos (referencias)
  Implementa los cinco conceptos de referencias con tus mejores clientes
  Envía el rompecabezas de oportunidad a clientes corporativos calificados;
- **Amarillo** – Viaje
  Trabaja en casa o en un ambiente de oficina local
  Ten tu actividad diaria localizada (martes = centro de la ciudad, etcétera);
- **Verde** – Tiempo personal o familiar
  Resérvalo en tu diario y hazlo una prioridad;
- **Negro** – Trabajo administrativo

Delega todo el trabajo de 10 libras por hora y enfócate en las tareas de 260 libras por hora.

Necesitarás trabajar el plan de éxito por lo menos durante cuatro semanas para obtener el máximo beneficio y probarte a ti mismo que realmente funciona. Eso significa que tienes que poner un poco de trabajo duro, pero nadie dijo que este trabajo fuera fácil.

Después de 12 semanas verás una increíble diferencia y en mi propia experiencia en un año menos tú habrás doblado tu ingreso y estará trabajando 25% menos horas.

Es una vieja frase, pero buena. "Nadie planea fallar, ellos simplemente fallan en planear"

Funcionó para mí y sé que si te comprometes en llevarlo a cabo y seguir el plan de éxito este trabajará para ti, sea cual sea tu definición de éxito.

SECCIÓN 3

CAPÍTULO 8
Cargando tarifas

Este es un asunto que provoca controversia y conservación siempre que es tocado. Las comisiones siempre han sido la espina dorsal de los seguros de vida y de la industria de planeamiento financiero durante mucho tiempo. Hay aquellos quienes dicen que debería permanecer así aquellos quienes mantienen que cargar tarifas es la única manera de permanecer en el negocio. Este capítulo no se trata de querer resolver este problema. Este capítulo te mostrará cómo cargar tarifas, si tú escoges adoptarlo por completo por parte de tu práctica, no será un problema.

En muchos países, tales como el Reino Unido donde yo opero, las comisiones se han abolido. No estoy diciendo que esto ocurrirá donde tú estás, pero podría ser. La presión regulatoria y de los medios frecuentemente significa que eventualmente arribará. Como un asesor, pienso que es mejor estar preparado en caso de que ocurra.

Si tú has seguido el plan de éxito hasta ahora entonces deberías saber tus gastos para el año (cubierto en el capítulo 4) y objetivos de producción personal, así como tu tarifa por hora (cubierto en el capítulo 5). Si tus gastos son 36 libras por año y tu objetivo es 100,000 libras y tú intentas trabajar 200 días por 10 horas al día, tus gastos mínimos que cubrir son 18 libras. Para alcanzar el objetivo y a tener una ganancia deberías cobrar 50 libras.

Sin embargo, es improbable que tú seas capaz de cargar todas tus horas. Muchos abogados gustan que quienes paguen sus honorarios facturen 1,200 horas al año, considerablemente menos que las 2,000 horas anteriores. Es un engaño consistente decir que 200 días en el trabajo seis horas al día son facturables a los clientes. Si usamos esto para un objetivo más realista que cobrar 100% de nuestro tiempo, las tarifas por hora se incrementan dramáticamente. Para cubrir gastos la tarifa es de 30 libras y para alcanzar el objetivo 84 libras. Sobre la base de que no queremos trabajar más de 200 días de 10 horas como objetivo anual es mayor la única opción de incrementar las tarifas, así que por ejemplo un objetivo de 200,000 libras necesitará una tarifa horaria de 168 libras.

Debemos registrar nuestro tiempo cuidadosamente. Deberíamos tomar un estante de los libros de nuestros compañeros, los abogados y contadores y tener una hoja diaria de tiempo.

Para alcanzar esto simplemente divide tu objetivo diario en meses, luego semanas, luego días, luego horas, luego segmentos de seis minutos. Muchos de nosotros ya tenemos un diario establecido así, ¡eso está muy bien! Si no, siéntete libre de usar el formato del diagrama 8.1 a continuación.

Diagrama 8.1 – La hoja de tiempo

Podemos ver que las horas están desglosadas en segmentos de seis minutos. Eso no significa que debamos parar de trabajar cada seis minutos para llenarla, sino que seis minutos es una buena unidad de tiempo para completar una tarea pequeña, y ahí 10 segmentos de seis minutos en cada hora ¡así que las matemáticas son fáciles cuando se calcula la cuenta de un cliente!

El encabezado de 'cliente' es auto explicativo, pero puede ser útil para otras cosas también, cómo diferenciar entre el trabajo personal y el corporativo para la misma persona, como propietario de un negocio.

La sección principal, encabezada como 'notas', es de invaluable ayuda cuando se trata de facturar a un paciente por trabajo realizado, ya que tenemos un registro en marcha para todo el trabajo completado en términos precisos. En esta sociedad cada vez más litigante en la que vivimos, registros detallados como estos pueden probar ser su mayor bien si es que alguna disputa alguna vez ocurre.

La última columna debería ser marcada si el tiempo que gastamos es facturable al cliente.

Yo sugiero que mantengamos la hoja de tiempo enfrente de nosotros todo el día, actualizándola cada vez que terminamos una tarea, como trabajar en un archivo de cliente o hablar por teléfono.

La hoja de tiempo fácilmente puede ser incorporada en el planificador de éxito al simplemente registrar las tareas completadas en el cuadro principal y cambiar los segmentos de 15 minutos a segmentos de seis minutos y marcando a continuación los cuadros coloridos si el trabajo es facturable.

Yo no estoy sugiriendo que cobremos todos los segundos al cliente o comencemos a cronometrar cada vez que alguien nos llama, pero al completar la hoja de tiempo podemos ver claramente cuánto tiempo pasamos en los asuntos de un cliente. Como usamos esa información depende de nosotros, por ejemplo, la decisión de sí cobrarle a un cliente por el tiempo que pasamos en 'espera' de una compañía de seguros es nuestra.

Yo realmente creo que al completar la hoja comenzaremos a valorar nuestro tiempo más altamente y estaremos conscientes de cuando estamos pasando tiempo realizando tareas más adecuadas para un individuo con bajo pago.

Otro subproducto es que los días y semanas pasan y nosotros gastamos más de nuestro tiempo en la zona de 260 libras por hora (en términos del plan de éxito, el lapicero rojo) más que en la zona de 10 libras por hora (el lapicero negro) la zona actúa como una buena manera de probarnos a nosotros mismos que más personal es necesitado. Demostrará que, al emplear a otra persona, y delegar sabiamente, nuestra facturación y ganancias se incrementarán.

Para algunos asesores moverse a cargar tarifas puede ser visto como negativo. Pero como con todo, el cambio puede traer oportunidades y por lo tanto las tarifas deben verse como algo positivo. ¿Cómo hacemos esto? ¿Por qué no usamos tarifas para obtener más referencias? Cuando presentamos nuestra factura final, dejemos espacio al final para un descuento. Cada referencia dada califica el cliente para un descuento de, digamos 100 libras de la factura. Debes estar seguro de que estás aplicando las reglas de referencias enumeradas en el capítulo 6.5 tales como la precalificación con un umbral de calidad, pero este es otro escenario ganar-ganar-ganar. ¿Qué cliente no quería ayudarte a maximizar el tiempo que pasas en sus asuntos minimizando tus esfuerzos de marketing, especialmente si eso le ahorra dinero en su factura? Ellos ahorran dinero, nosotros obtenemos más referencias de calidad y un nuevo cliente tiene el beneficio de nuestros excelentes servicios. Naturalmente el descuento solo se vuelve efectivo cuando los hombres referidos se vuelven clientes y el cliente original tiene la opción de un reembolso en forma de cheque o un descuento aplicado a la siguiente factura.

Yo creo que al ganar más perspicacia acerca de nuestro verdadero valor por hora nosotros nos convertiremos en más rentables y ultimadamente seremos capaces de proveer un mejor servicio a nuestros clientes.

CAPÍTULO 9

Tres herramientas indispensables de gestión de empresas

Herramientas: Lista WIP, agenda, rastreadores

Lista WIP

Tener una lista WIP (trabajo en progreso) (ver diagrama 9.1 a la vuelta) fue mencionado en el capítulo siete y es tu sistema temprano de advertencia. Debería enumerar cada pieza de trabajo potencial del que tú sabes. Mi lista WIP en una columna encabezada como **'llamado'**, para anotar cuando llamo el prospecto/cliente y una columna para mostrar cuando ellos están reservados. Incluso estas primeras dos simples columnas erradican una simple pregunta para muchos asesores, ¿a quién debería llamar? Si hay una sección de un negocio y un espacio en blanco en la columna de 'llamado' tú tienes tu lista de llamadas para el día (¿recuerdas la primera etapa del círculo de ventas? Levanta el teléfono). El cliente entonces nombrado junto con los productos en los cuales está interesado y una sección de notas.

Las siguientes tres columnas son la clave para **'seguir el planeamiento'**. Si estás absolutamente seguro de que el negocio se realizará en un periodo de las cuatro semanas siguientes, entonces por la cantidad de tarifa o comisión esperada en la columna **'definir'**. Siempre debería ser el caso que a menos que un cliente esté reservado la cantidad no pueda posiblemente ser definida. Si no está en el diario, la venta no se puede hacer. Algunos asesores dirían que es posible una excepción a esta regla si este negocio está en el correo. ¡He sido defraudado por el servicio postal y los clientes siendo económicos con la verdad demasiadas veces para permitir esto, así que cualquier negocio 'en el correo' permanece en la siguiente columna, aquella de tal vez!

Cualquier trabajo que hayas visto que se pueda completar en las siguientes seis a ocho semanas debería ir ahí. Los negocios planeados por más de ocho semanas en el futuro deberían ir en una segunda página de la lista WIP, ya que, aunque están planeados están muy lejos en el tiempo para hacer seguros y es improbable que imparten en el flujo de caja. Esto puede ser dejado dentro de la primera página cuando sea apropiado. La columna final es de negocios completados, y las cantidades deberían ser ingresadas solo cuando el caso sea enviado.

Nosotros deberíamos realmente sacar nuestra lista WIP en la primera semana del mes y determinar qué negocio será definitivo llamando a todos los clientes y llenando los espacios en nuestro diario del planificador de éxito. En la primera semana casi todo debería estar en la columna **'tal vez'**, con la excepción de reuniones cerradas ya programadas, a veces 'remanentes' del mes previo. Es importante ser inflexible en esta etapa, ya que la tentación es añadir muchos

		Trabajo en curso (Lista WIP)					Junio
Llamado	Reservados	Nombre	Definido	Quizás	Integro	Producto	Notas
			in this month	6-8 weeks			
5-Jun	15-Jun	B Hitchins	2000			Stakeholder	IG para hacer preguntas y respuestas
7-Jun		E Co Printers Ltd		1000			MR enviar información para la proyección
		P Walker		3000		MTA, FIBs, pp	MR enviado documento de sustitución enviado
2-Jun	22-Jun	P Rirchens	2000			IHT	Documentos enviados a GF 14/15
		R Graphics Ltd		3000		PP & CIC	MR perseguido - enviará documentos
25-May	19-Jun	O Ogden	1450			CIC, PP transfer	Reunión reservada
		P Bentall		3000		Investment	
		S Cray		0		Pension Transfer	
31-May	20-Jun	H Hamilton			1770	LTA, FM ISA	Reunión reservada
		C Webber		1000		IHT	
1-May	17-May	E baddmann		500	500	2 x Life Cover	KD nos enviará por fax documentos
2-May	24-May	GamesCo plc	250	250		Group bens	Documentos enviados a MS 07/06
		G Yatter		500		Stakeholder	
11-Jun	5-Jul	M Bedden	100			pp inc, invest	MR envió un correo electrónico sobre la reunión
		Acme co Ltd		0		Group Bens	
		TOTAL	5800	12250	2270		
					8070	**Terminar**	
			Total de toda la lista	**20320**			
			Nuevo este mes	12450			
			Total ideal en la lista	23000			
			LA BRECHA	2680			

Diagrama 9.1 – La lista WIP

negocios potenciales (y todos tenemos muchos negocios 'potenciales') y engañarnos a nosotros mismos con que tenemos un grandioso mes adelante de nosotros. Para entender verdaderamente nuestro negocio y ser honestos con nosotros mismos entonces debemos ser duros en esta etapa. Un número grande en la columna de 'potenciales' se ve grandioso y aplacar a los administradores, pero es solamente nuestro balance bancario el que sufre si los 'potenciales' no se traducen en algo real.

Si hacemos este procedimiento correctamente, al final del mes de cuatro semanas la columna de completados debería tener la misma cifra que la columna de definitivos al final de la primera semana.

Si también hemos seguido el planificador de éxito y sabemos nuestros promedios y hemos calculado nuestras tasas de actividad debería haber cuánto trabajo necesitamos en la columna de tal vez al principio del mes para traducir el trabajo completado nosotros necesitamos pagar nuestras cuentas y obtener una ganancia.

Por ejemplo, si tenemos una tasa de cierre del 75% de 3/4 de todas las reuniones de cierre terminando en una venta y necesitamos 8,500 libras al mes para alcanzar nuestro objetivo deberíamos tener en realidad 11,333 libras en nuestra columna de 'tal vez'. Si conocemos nuestro tamaño promedio de caso es de 500 libras al menos deberían estar 23 piezas posibles de negocio en nuestra lista. ¡Aquí es donde la terrible enfermedad de 'grandes-casos-itis' puede atacarnos frecuentemente!

Podemos tener un caso grande de 6,000 libras en nuestra lista y tenemos otros pequeños casos que completan un total de 11,333 libras. La ley de los promedios luego ataca como siempre lo hace, cuando los grandes casos se van. De repente, somos dejados sin mucho en lo que queda del mes y con un gran hoyo en nuestras finanzas.

Los totales de la lista WIP también nos ayudan. El primero es el total general, acerca del cual ya hemos conversado. Yo creo que es útil rastrear el nuevo potencial añadido en el periodo de cuatro semanas actual. Esto evita la constante 'vuelta' donde siempre tenemos casos que parecen haber estado allí por siempre. ¡Una vez más, una dura realidad en ocasión, pero necesaria para mantenernos fuera de nuestra zona de confort que todos amamos tanto!

Las últimas cifras nos muestran que sean lo que necesitamos se traduce como: ¡problemas de flujo de caja a la vista! Si el espacio está ahí necesitamos añadir más a la lista de 'tal vez' y convertirla en definitivo y completado.

A pesar de lo espeluznante que puede ser la lista WIP, puede ser la mejor amiga de un asesor, en especial si es usada diariamente, honestamente y en conjunción con el cuadro de oportunidades el capítulo 3. Las cifras no nos mienten y mientras nosotros no nos mintamos a nosotros mismos tampoco, la lista WIP será una invaluable adición a nuestras estadísticas diarias y rentabilidad de negocios a largo plazo.

Agendas

Siempre lleva una agenda a una reunión, aquí hay un ejemplo del diagrama 9.2, en un nivel muy simple demuestra profesionalismo. También sirve para mantenernos en camino. Incluso los mejores asesores pueden encontrarse a sí mismos distraídos huyendo por la tangente de las reuniones a veces. Las agendas también pueden ser usadas como herramientas efectivas para otros propósitos, por ejemplo, tener 'referidos' como un elemento en algún lugar cercano al final. ¡De esa manera no tenemos excusa para llegar a 'preguntaré la próxima vez que haya un cruce' y no preguntar! Esto deja al cliente saber desde el principio que las referencias son simplemente parte del proceso de negocios normal, tan natural como 'completar el encuentro de hechos' y 'cualquier otro negocio'.

A tomar notas excelentes en la primera reunión y luego usar las preocupaciones del cliente en la agenda para la segunda reunión no solamente asegurará que te dirijas a las preocupaciones del cliente (en lugar de una vaga noción preconcebida de lo que nosotros pensamos que ellos pueden querer en jerga de la industria) sino que también hace que todo el proceso sea más entendible para el cliente, ya que estamos usando 'sus palabras'. Si ellos hablan acerca de desear retirarse con comodidad, usa eso en el encabezado de la agenda. Por ejemplo, ítem 5 de la agenda, 'tu solución de retiro' en lugar de ítem 5 de la agenda, 'pensión personal' incluyendo beneficios

Siempre deja el último ítem como 'cualquier otro negocio' o 'comentarios finales del cliente'. No solo es cortés darle la última palabra a nuestro cliente, sino que también evita que algo como las referencias sean el último ítem y por lo tanto más fáciles de tratar que solamente otro ítem con el cual lidiar con miedo.

Una vez que has empezado usar agendas, te encontrarás desarrollando una biblioteca, así como un poco de esfuerzo podrás comenzar, pronto ellas se convertirán en tu segunda naturaleza.

AGENDA

Reunión con F Bloggs de Acme Ltd y
Ian Green gestión de activos independiente
Miércoles 20 de febrero

- Actualizar la posición actual
  - Recapitular y revisar la recomendación anterior
  - Confirmar el cambio de fondos en línea
- Informes reactivos de fondos en reuniones individuales
- Comentarios de Acme Ltd
- Discutir y confirmar los estándares de servicio
  - Presentaciones grupales
  - Reuniones individuales
  - Unirse - en el mes después de hacernos saber
  - Toda la comunicación por correo electrónico
- Confirmar el horario del servicio
  - Sugerir 2 días al mes
  - Educación de los empleados
- Confirman acuerdo de tarifas
  - Ver correo electrónico de interacción independiente
  - Cualquier otro costo fuera del horario de servicio
- Plan de acción
  - Informar al personal (nuevo y existente)
  - ¿Qué sigue?
- Revisión de beneficios de riesgo
- Beneficios y tiempo
- Referencias
- Cualquier otro negocio

Diagrama 9.2 – Agenda de muestra

Rastreadores

Al inicio de mi carrera siempre dejaba una reunión con un hecho completado y páginas de notas garabateadas, notas amarillas adhesivas y garabatos en la parte de atrás de tarjetas de negocios. El resultado de este caos semi organizado será que yo frecuentemente me olvide de lo que había prometido hacer para el cliente (y así rompiendo uno de los cuatro hábitos de referencia) o que yo podría traspapelar una pieza de papel con todos los hechos y cifras importantes. Para evitar esto ahora salgo de cada reunión con un rastreador completado (ver diagrama 9.3) (ver apéndice A-6). Este rastreador tiene detalles de aviso, cliente, ubicación y hora en la parte superior. El cuerpo principal consiste en cinco secciones cada una con espacio para notas completas y 'a quien deberían ser delegadas las tareas'. Cualquier negocio inmediato es registrado asegurando que nada nunca 'se salga de los espacios'. Cualquier cita o ilustración necesitada está enumerada con los parámetros (por ejemplo, término de vida completo, elección de fondo, edad de retiro, etcétera). Los negocios para discutir en el futuro son registrados y subsecuentemente insertados en la página apropiada de la lista WIP.

La sección más importante está encabezada como 'promesas'. Aquí es donde tú anotas todas las cosas que dijiste que harías. En numerosas ocasiones he tenido clientes que me han felicitado por esta sección. Obviamente es muy tranquilizante ver a nuestro asesor profesional escribir algo bajo el encabezado de 'promesas'. Después de todo, ¿Quién no se sentiría seguro confiando su dinero a alguien que pone sus promesas por escrito? (¡Asumiendo por supuesto que las realicemos!) Las últimas dos sesiones están para acciones inmediatas, tales como 'enviar carta a la autoridad para pensión' y una sección libre para notas. Finalmente registramos la fecha de la siguiente reunión. Esta es otra manera simple, pero efectiva de asegurar que tu diario nunca este vacío, ya que la siguiente reunión simplemente entrará directamente en las páginas del planificador de éxito.

Al combinar el rastreador de reuniones con la agenda para la segunda reunión, tú tienes un mecanismo a prueba de fallas para proveer completa satisfacción al cliente. Los negocios inmediatos son cuidados, las promesas son realizadas y los negocios futuros son puestos en el diario para hacerles seguimiento. Adicionalmente, al mantener la agenda y rastreador en el archivo proporcionan una manera de auditar completamente el cumplimiento.

Cliente ______ Fecha ______ Grado ______

Duración ______ Honorarios / comisión ______ Apoyo a las ventas ______

Fecha de revisión anual ______ Fecha de finalización del año ______ Referencias ______

Negocios inmediatos **Acción de** **Detalles**

1: ______ ______ ______

2: ______ ______ ______

3: ______ ______ ______

Cita

1: ______ ______

2: ______ ______

3: ______ ______

Negocio futuro

1: ______ ______

2: ______ ______

3: ______ ______

Promesas

1: ______ ______

2: ______ ______

3: ______ ______

4. ______ ______

5. ______ ______

Acciones inmediatas

1: ______ ______

2: ______ ______

3: ______ ______

Notas

Próxima fecha de la reunión : ______

Diagrama 9.3 – Cumpliendo el rastreador

CAPÍTULO 10

Creación de empresas mediante el uso del cumplimiento

Hay una vieja broma que se refiere al cumplimiento como el 'departamento de prevención de los negocios'. No necesita ser de esa manera.

El cumplimiento - o al menos su peso completo ha sido durante largo tiempo la pesadilla de los asesores. Decidí temprano tratar lo que otros ven como negativo como positivo. Me senté y miré como el cumplimiento puede ser usado para generar más negocios. El resultado final es que realmente no pago adicionalmente a mi gerente de cumplimiento para que haga más que el mínimo regulatorio requerido.

Mi gerente de cumplimiento hace todas las cosas normales que podrías esperar, pero lo siguiente son los métodos que he imaginado para volver mi departamento de prevención en un departamento de creación de negocios.

Cuando estoy haciendo cumplimiento de un caso, las deficiencias en cualquier área son registradas. Como ejemplo, esto puede ser cualquier cosa desde una completa falta de reserva en efectivo hasta un retiro con bajos fondos, desde no tener la voluntad de una política de seguros de vida no fiduciarios. Estos elementos son entonces incluidos en la razón por la que la carta de posibilidad va con el cliente después de cada transacción. No solo es una represa desde un punto de vista del cumplimiento sino también que genera más negocios. Frecuentemente un cliente nos contactará al recibir una carta preguntando por citas o primas de los productos o servicios identificados. De acuerdo, en muchos casos hemos proporcionado estimados en una carta de seguimiento. Para nuestro ejemplo, esta carta contendrá típicamente estimados de primas y un folleto de los productos faltantes, un cálculo mostrando los máximos y un formulario de incremento, un cuestionario de testamento y un documento fiduciario. A los ojos del cliente estamos proporcionando un servicio al cliente superior. Incluso si ellos escogen no proceder con ninguna de nuestras recomendaciones ellos han tenido la opción y nosotros hemos hecho nuestro trabajo en la medida de nuestras posibilidades.

El gerente de cumplimiento también anotará cualquier política mencionada en la búsqueda de hechos, que nosotros no tenemos agencia enviará una carta de autoridad con una nota explicando que somos capaces de proporcionar un servicio completo si podemos obtener detalles de política completa. Al firmar retornar el formulario podemos hacer eso, ahorrándole al cliente tiempo qué hubiera pasado cotejando su política de información.

También podemos proveer una declaración de resumen de todos sus planes cada año.

Proporcionamos a los clientes la opción de completar un formulario de comentarios anónimo, hace retornado directamente al gerente de cumplimiento, así que, si hay alguna área que ellos sienten que podría mejorar nuestro servicio al cliente, el gerente de cumplimiento puede pasarme los comentarios en una reunión de revisión regular. Esta lucha en curso y constante para tener un servicio al cliente mejorado es un factor mayor en nuestro negocio y a pesar de que no puedo probar que ha incrementado las ventas o retención del cliente, tengo la seguridad de que lo ha hecho.

CAPÍTULO 11
Objetivos

Mientras me siento para escribir esta sección me pregunto cómo posiblemente yo haga justicia en un capítulo para un sujeto que tiene probablemente más libros y contenido dedicado a esto que cualquier otro. Entonces, decidí no competir y en su lugar en el apéndice tú encontrarás mayores lecturas sugeridas. En su lugar decidí aplicar los principios del plan de éxito en juntar todas las mejores y más eficientes piezas de información y destilarlas a una herramienta práctica y fácil de usar.

Asumiendo que no tienes conocimientos de los objetivos o para refrescarlos, todos los objetivos deben ser EMART Esto es específicos, medibles, asequibles, realistas y cronometrables. Sin estos parámetros, los objetivos son simplemente sueños o fantasías.

El formato que tengo para los objetivos naturalmente te lleva a establecer objetivos con estos parámetros. Todo lo que tienes que hacer es ir y comprar tu propio libro de objetivos. No tiene que ser elegante, simplemente suficientemente grande para contener tus descripciones y progreso hacia tus objetivos.

De libro para qué las caras de ambas páginas te vean (ver diagrama 11.1 a la vuelta). Divide una página horizontalmente a lo largo del medio y divide

la segunda página en tres columnas. Estas columnas deberán ser encabezadas como:

- siguiente paso
- libras requeridas
- fecha de finalización

En la sección superior de la página horizontalmente dividida, pegarás una imagen del objetivo que deseas alcanzar, por ejemplo, tu casa o nuevo auto soñados. Si el objetivo es financiero sugiero un cheque hecho a ti con la cantidad escrita. Si el objetivo es menos materialista e imposible de obtener una imagen de este, un grado de pensamiento lateral puede estar involucrado. Si tú quieres perder peso, tal vez una fotografía previa de ti cuando tenías ese peso o una imagen sin cara de un modelo con la forma del cuerpo que deseas. Si el objetivo es más espiritual, se necesitará todavía más pensamiento. Puede ser de amigos distantes más frecuentemente o meditar cada día. Usa una imagen que signifique algo para ti, tal vez una foto de los amigos o una sección de un mapa. Para mediación, una foto de una habitación tranquila o un anuncio del periódico anunciando la clase que quieres visitar, no hay reglas firmes mientras la fotografía funcione para ti.

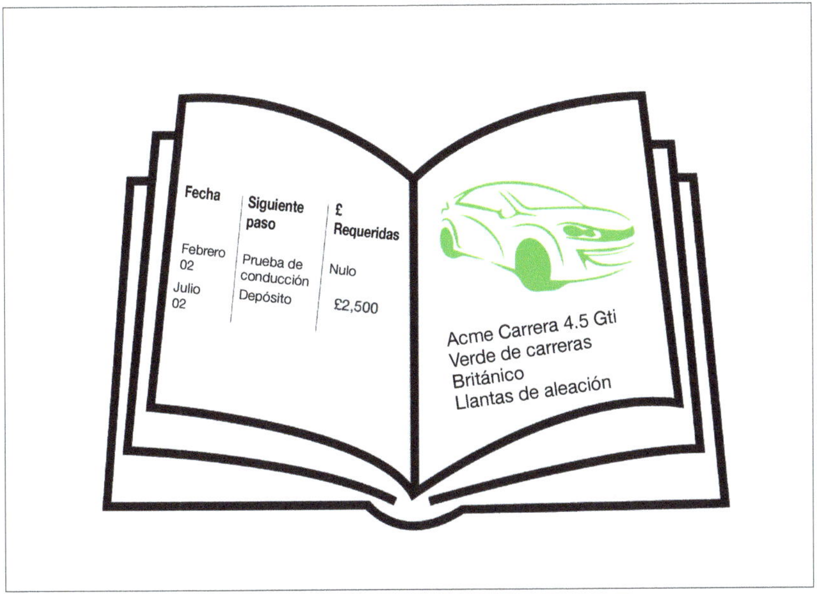

Diagrama 11.1 – El libro de objetivos

En el espacio debajo de la imagen, escribe tu descripción. Aquí es donde tú realmente especificas lo que quieres. Por esta razón una oración corta o afirmación vaga realmente no lo lograrán. En lugar de 'un nuevo auto', describe el auto completamente usando tantas oraciones como sea posible. Trata de hacer que sean vivas. Describe la marca, modelo y color, las características que tiene, el tipo de motor, los extras que comprarás y así sucesivamente. También podrías desear anotar las implicaciones de alcanzar o no alcanzar el objetivo como una mayor asistencia a tu mente. Esto dependerá del objetivo y de siesta más motivado por el placer (tener algo) o temor (no tener algo). Si el objetivo es perder peso puedes escribir. "Yo peso x kg, tengo una medida de cintura de x cm y voy al gimnasio tres veces a la semana. Solo como comida nutritiva. Entro en mi ropa de baño (placer) y no me quedo sin aliento cuando subo escaleras (miedo)"

Nota como el objetivo es escrito de una manera positiva, como si ya hubiera ocurrido - "yo peso x kg", no "yo quiero pensar x kg" o "yo perderé x kg". Comenzar de esta manera le permite al cerebro aceptar que es posible y trabaja hacia esto en lugar de dejar al cerebro pensar que tú lo harás un día.

La primera página asegura que el objetivo es E-específico, ya que tenemos una imagen y una descripción detallada.

La página con las columnas cuida de que sea M-medible. Tú comienzas a escribir una descripción del siguiente paso a ser tomado para qué avances hacia tu objetivo. Si tu objetivo es un nuevo auto, el primer paso puede ser obtener un folleto. De esta manera, cuando te sientas como para alcanzar o moverte hacia un objetivo, tú tendrás un plan de acción inmediato accesible para cada uno de tus objetivos. Esto es especialmente útil si no te sientes bien, ya que habrá indudablemente una acción rápida que puedas tomar para que avances hacia uno más objetivos y que te sientas bien encaminado otra vez.

Es una buena idea, si es posible, enumerar tantas etapas de tu objetivo como sea posible. Así que con el ejemplo del auto puede ser una buena idea comprar una revista de autos, ordenar un folleto, arreglar una prueba de conducción y así sucesivamente. Por supuesto, con algunos objetivos tú no podrás planear el siguiente paso hasta que la anterior sea completado.

La segunda columna es para notar el costo en cualquier etapa. La siguiente etapa en el ejemplo del auto puede ser hacer un depósito para ordenar el auto. Naturalmente esto necesitará dinero así que al enumerarlo aquí tú tienes una herramienta de planeación hacia adelante que puede ser usada en conjunción con el planificador de éxito y tu plan de negocios para asegurarse de que el objetivo es A-accesible.

La última columna es para la fecha cuando completarás el paso. Esto te da una gráfica de un progreso constante hacia tus objetivos. Otro uso para la columna es establecer metas para alcanzar la tarea. Alternativamente, puedes poner la fecha límite para alcanzar el objetivo al final de la página, una vez más escrito de una manera positiva. Al establecer una fecha límite y registrar la fecha, cada paso será completado y así te aseguras de que el objetivo está orientado en el T-tiempo

Eso solo deja la R-realista. Pena entonces quien soy yo para decir que una meta es realista para alguien más. Si tú crees lo suficiente fuertemente en el objetivo y sigues los otros pasos no tengo duda de que alcanzarás tu resultado deseado. Solo ten cuidado de no establecer para ti mismo un objetivo que sea demasiado poco realista. ¡Si tú tienes 94 años y jamás has corrido en una carrera en tu vida, volverte el campeón de los 100 metros planos es improbable - no imposible - pero definitivamente una tarea grande!

Un último consejo. Solo comparte tus objetivos con aquellos que tú piensas que comparten tu ambición. Demasiadas veces los sueños son detenidos en su camino, frecuentemente antes de que hayan empezado realmente, pisoteados por personas negativas. Estas personas negativas lamentablemente son la mayoría del mundo, pero la verdad es que si tú sigues los principios de establecimiento de objetivos en este capítulo y pasas a la acción (tú debes tomar medidas, ya que un objetivo sin acción permanece siendo un sueño) entonces tú alcanzarás tus objetivos. No permitas que las palabras y las acciones pérfidas de otros te detengan. Comparte tus objetivos solamente con las personas que te apoyarán y tus sueños se harán realidad.

Usa el principio de desglosar objetivos y alcanzarlos paso a paso en todas las áreas de tu vida. En el capítulo cinco hemos visto el desglose de tu objetivo anual en porciones de caso promedio. ¿Por qué no establecer mini objetivos en el camino a objetivos más grandes? Si tú quieres perder peso recompénsate a ti mismo con nueva ropa y varias etapas en lugar de castigarte esperando hasta el último momento. Al hacer esto nos ayudamos a nosotros mismos a tener un sentimiento de siempre estarnos moviendo hacia delante y no estancarnos. Y si, en raras ocasiones, pareces haber llegado a un estancamiento en un objetivo, puedes decidir que no es algo que ya quieras más. Sin embargo, es mucho más probable que regreses a tu libro de objetivos y pases a la acción en el siguiente paso descrito con el fin de continuar moviéndose hacia delante otra vez.

SECCIÓN 4

CAPÍTULO 12

Mi historia - De plataforma a plataforma y de cero a 1,500

Yo era un asesor por cuatro meses. Me estaba yendo bien, progresaba en la jerarquía de seguros de vida en una compañía y empezaba a 'ser notado' por la gerencia, pero en verdad sin alcanzar nada en especial. Recuerdo haber estado sentado en la plataforma del tren una tarde, habiendo viajado millas para visitar a un nuevo prospecto solo para llegar y encontrar que no estaba allí. Me arrastré de regreso a la oficina resignado a una sesión en el teléfono. Recogí un anuncio que había sido puesto en mi bandeja de entrada por error. Era una carta invitando al asesor a una reunión regional LIA (ver apéndice A). Cuando se lo llevé a la persona a la que iba dirigido, le pregunté si podía ir con él. Me sentía abatido por mi viaje desperdiciado, pensando en hacer algo más que llamadas en frío y de hecho el contenido se veía muy interesante. Y colega me dijo que no desperdiciaría su tiempo yendo a la reunión, especialmente con un interno (él tenía una cita previa que atender con un señor llamado "Jack Daniels" en el bar de abajo, como descubrí después) y yo era bienvenido con la invitación.

Estuve maravillado con lo que vi y escuché. ¡Dos oradores, ambos asesores, ambos claramente muy exitosos en el negocio compartiendo sus ideas y explicando cómo hacer lo que ellos decían! ¿Cómo podía ser esto cierto? Todos en mi oficina guardaban celosamente sus modos de trabajar y las tarjetas de clientes eran guardadas bajo llave.

Hasta ahora conservo las notas que tomé en ese día. Recogí un folleto a la salida y envié por correo mi formulario de solicitud de membresía a la asociación el día siguiente. Junto con mi primera revista mensual llegó una llamada para asistir a la conferencia anual con una deslumbrante lista de oradores. Yo pensé que si la reunión local era así de buena entonces ¿qué me reservaba la convención nacional?

Sin un centavo como yo estaba, reservé un hotel y compré mi ticket de la conferencia. Llegué temprano, me coloqué la etiqueta con mi nombre y vi como el salón de registro se llenaba. Parecía ser que era el único que estaba allí solo. Todo el resto estaba conversando con viejos amigos y llegando en grupos. Eventualmente decidí que tenía que hacer el primer movimiento y sentarme en la última silla disponible junto a un caballero que estaba llenando su paquete de asistente. Su cuerpo se alejó del mío, me aclaré la garganta para atraer su atención y para romper el hielo le pregunté si como yo era su primera vez ahí.

¡Mientras me daba la cara los listones adheridos a su etiqueta (y aquellos que han asistido alguna conferencia sabrán a lo que me refiero) me deslumbraron!

Sin saberlo me había puesto al lado de un anterior presidente de la asociación y uno de los más respetados miembros de la industria. Después de que dejó de reír ante mi inocencia y habiéndose limpiado las lágrimas de risa, se tomó el tiempo de una agenda apretada para presentarme el formato y qué esperar de la reunión. Él me aconsejó que continuara mi práctica de acercarme a extraños aleatoriamente y preguntarles acerca de su mejor idea de ventas. Él me aseguró que todas las personas con las que hablara estarían encantadas de ayudarme - y tenía razón. Para comenzar mi colección de ideas de venta, me mostró una presentación que aún uso hasta el día de hoy. También me prometió que si yo lo acompañaba en la noche él me presentaría a un conocido muy cercano, quien también me ayudaría.

Los eventos del día me asombraron. Escuché presentaciones técnicas, aprendí de lenguaje corporal y escuché consejos para gerencia de práctica, establecimiento de metas e historias de tremendo coraje y victorias contra las posibilidades. Aun tambaleándome fui al sitio de la reunión previamente arreglada. Fui presentado a un asesor financiero independiente que trabajaba en Londres. Lo que yo supuse que era una rápida presentación social, como es frecuentemente el caso, se convirtió en una larga noche y el principio de un nuevo capítulo en mi carrera.

Antes de que cuente la historia, las lecciones que aprendí solo que hace de esta profesión algo tan asombroso y especial.

Tómate tu tiempo para tu propia educación. No es un gasto, sino una inversión en el activo que mejor se desempeña - tú mismo.

A menos que hayas aprendido todo lo que hay que saber, continuar leyendo a tus reuniones locales de la asociación regional. ¿Si yo solía ir, porque dejarías de hacerlo tú? Prueba esto otra vez. Aprovecha el cerebro de aquellos que están ahí y también de los oradores. Todo está organizado por personas que quieren dar algo de regreso a la profesión con la cual se ganan su vida. Ellos dan su tiempo y servicios de manera gratuita para ayudar a otros de la misma manera que ellos fueron ayudados alguna vez. Incluso atrévete a comprometerte y ofrécete a ayudar.

Nunca he escuchado de ninguna otra profesión en ninguna parte del mundo donde los mejores de la profesión les dan una mano a los otros. Son estos atributos lo que mantienen a la profesión tan fuerte a la cara de constantes cambios regulatorios y adversidad repetida de secciones de la prensa.

El tiempo que pase esa noche, culminó con la decisión de reunirme otra vez fuera de la conferencia cuando estuviéramos ambos de regreso en Londres. Una salida social se volvió eventualmente una invitación para unirme a la compañía. Mi nuevo mentor hizo algo más que yo nunca olvidaré. Él puso su reputación en juego por mí. En contra de los deseos de sus tres socios de negocios, él insistió en que me dieran una oportunidad. Nueve meses después de comenzar en el negocio era un asesor financiero independiente.

En mi primer día me prometió darme toda la ayuda que pudiera necesitar para tener éxito. Pero es también citó el viejo adagio "dale a un hombre un pescado y lo alimentarás por un día. Enséñale a pescar y lo alimentarás de por vida". Él me enseñaría todo, pero no hubo pescados tirados.

Aprendí también acerca de los techos de vidrio. En la compañía de seguros de vida era considerado exitoso en mi grupo de pares. Súbitamente fui arrojado a un grupo donde el estándar mínimo aceptable doble del nivel en el cual estaba funcionando. Pero eso fue la clave del primer salto en mi producción. Era el mínimo aceptable. Sin escándalos, simplemente hazlo. Así que lo hice. No quería defraudarme a mí mismo ni a mi nuevo mentor. Mi producción del primer mes fue cinco veces lo que yo había logrado antes. En un mes completé el 50% de lo que me había llevado alcanzar los previos nueve meses. ¿Por qué? Porque eso es lo que hicimos.

Desde ese punto, continué los hábitos que me habían servido de mucho hasta ahora. Trabajé duro, muy duro, pero también aprendí constantemente. Estaba en la envidiable posición de estar rodeado por cuatro de los mejores productores per cápita en el país. Mientras yo respetase su tiempo, ellos me ayudarían con cualquier pregunta. Con el tiempo otros asesores fueron traídos, lo cual ayudó a mejorar los estándares y como la barra continuaba siendo elevada, así lo hizo mi estándar mínimo aceptable.

Al darme cuenta de que todos alrededor de mí tenían puntos buenos y malos y al apuntar a replicar los puntos buenos e ignorar los puntos malos fui capaz de obtener una imagen muy clara de qué es lo que hace exitoso a un asesor financiero. Cada éxito por sí mismo y yo fui capaz de seleccionar qué es lo que quería de eso. Simplemente por estar rodeado de ellos, escuchar lo que decían al teléfono, como ellos reservaban citas, mirar como ellos veían a sus clientes me dio una educación que el dinero no puede comprar. Es algo que no se aprende en los exámenes que debemos realizar para volvernos técnicamente competentes. Esas calificaciones son importantes, pero no son lo que yo aprendí. Además de la educación de negocios también recibí una gran formación en la vida. Recomiendo mucho que cualquiera nuevo en la profesión y que lea este libro, encuentre para sí mismo un mentor que lo ayude. Tuve suerte - tenía cuatro. Otros de ese tiempo siguen siendo buenos amigos y uno es el padrino de mi hijo. Ahora yo soy el mentor de alguien y es mi esperanza que tenga éxito por sí mismo y a su vez ayude a otro.

Pero el tiempo continuaba y mi vida estaba cambiando. Estaba casado, mi hijo acababa de nacer y yo quería un nuevo reto. Mi tiempo en la IFA de Londres fue increíble. Tuve el privilegio de aprender de algunos de los mejores IFA en el país.

Comencé a hablar en reuniones regionales LIA y a escribir artículos en la prensa financiera. También aparecí regularmente en la televisión y radio como un comentador financiero. Este es otro consejo que yo he usado de un orador en la reunión regional LIA. Otro grandioso ejemplo de ganar-ganar. Los medios convierten a un experto en una fuente autorizada, y nosotros como asesores ganamos exposición y credibilidad.

En mi nueva compañía fuimos recomendados de asistir a MDRT. De hecho, dada la suficiente producción y calificación para membresía, la compañía generosamente me subsidió el viaje aéreo. He visto a personas con insignias en la conferencia LIA con MDRT, y uno de los extraños que conocí me presentó a nada menos que el presidente de MDRT, quien era un orador en la conferencia.

Habiendo conocido al presidente y debido a un deseo de ver por mí mismo exactamente de qué se trataba todo acerca de MDRT, asistí a la reunión anual en Nueva Orleans en 1999 y pronto califiqué. Tres años luego yo estuve asombrado de lo que quería y he estado en mi primera conferencia del Reino Unido. Los oradores me hacían reír y otros me hacían llorar. Me mezclé con 6,000 personas de más de 50 países. La misma regla aplicaba. Le podía preguntar a quién sea cualquier cosa y ellos compartirían sus ideas. Un listón en sus etiquetas los distinguía como los mejores miembros de la mesa. La crème de la crème, todos compartiendo sus consejos conmigo. Adicionalmente mi etiqueta estaba colorida de forma diferente para identificarme como un asistente por primera vez.

El resultado de esto fue que extraños podían detenerme y felicitarme por mi logro. ¡Imagina la vista de un ligeramente avergonzado y solo Inglés estrechando su mano y siendo felicitado por un par de entusiastas tejanos y tú estarás imaginando la escena!

Regrese a Inglaterra lleno de ideas y sintiéndome de 10 pies de alto, una persona cambiada y mejorada por la experiencia. Resolví regresar y al final obtuve el estado de mejor en la mesa.

Un día, unos cuantos meses después de que mi esposa diera a luz a nuestro hijo, recibí una llamada preguntándome si estaría interesado en enviar un manuscrito para su aprobación por MDRT hiciera un éxito, ser orador en una sesión de la tarde en Toronto, Canadá. Parece ser que simplemente dando en lugar de tomar había sido 'notado'. Esa persona, como muchas antes, estaba poniendo su reputación en la línea al darme la oportunidad de presentarme en la conferencia principal de servicios financieros del mundo. Otra vez, estoy realmente agradecido y en deuda con ellos. Como siempre he decidido no dejaría que se defraudaran.

¿Te imaginas que te pidan hablar en la reunión anual de MDRT? ¡No podía creerlo! Trabajé noche y día en mi presentación y eventualmente supe que me había vuelto un éxito. Practiqué y practiqué hasta que el gran día llegó. El presidente anterior, a quien había conocido cuatro años antes, generosamente estuvo de acuerdo en moderar mi sesión. El teatro estaba lleno con 1,500 personas, algunos con audífonos para escuchar las palabras siendo traducidas a otros idiomas. Aunque lo recuerdo borroso, recuerdo caminar a medida que me aplaudían pensando que era el más increíble evento en mi carrera profesional hasta el momento…

EPÍLOGO

Fue debido a las cálidas palabras y estímulo de muchos por lo que yo escribí este libro. Será un momento de orgullo para mí cuando salga a la venta por primera vez en la reunión anual MDRT en el 2002, donde se me ha solicitado volver a ser orador por dos años consecutivos.

Entonces, ¿este es el final de la historia?

No, pero es el final de este libro. Pero para mí, es solo el principio de otro capítulo. A medida que yo experimento más encuentro que tengo un siempre creciente libro de objetivos lleno de sueños a realizar y objetivos que alcanzar.

Escrito acerca de cómo hacer de no tener nadie con quien hablar a 1,500 personas a la vez. Espero progresar y espero poder pasar algo del conocimiento adquirido con los años.

Si sientes que has aprendido algo de estas páginas, entonces por favor pasa la información a alguien más y ayúdalo también. Gracias por leer este libro.

Te deseo mucho éxito.

APÉNDICEA
Asociaciones e ideas

MDRT – Million Dollar Round Table. Reconocida por muchos como la mejor organización del mundo para los asesores financieros y agentes de seguro de vida. La membresía es posible alcanzar un nivel de calificación e incrementarlo cada año. Llegar a ser 'el mejor de la mesa' es seis veces este nivel. Los asesores que pertenecen a MDRT deben seguir un estricto código de ética colocando los intereses de sus clientes en primer lugar.

LIA – Life Insurance Association. Una organización que representa a la mayoría de los asesores del Reino Unido. Al frente y representando la profesión con reguladores y gobierno y siendo una entusiasta promotora de la educación continuada mediante un programa de reuniones regionales. Eventualmente me volví parte de Personal Finance Society (PFS)

A-1 Escuché por primera vez acerca del cuadro de oportunidades de un asesor en una reunión regional LIA en Essex. Sin embargo, también me la encontré más tarde, aunque con un título diferente, en el audio casete 'The Achievers Edge' por Peter Thompson, un capacitador líder de ventas en el Reino Unido. Me disculpo si esta idea se originó fuera de los servicios financieros y fue previamente publicada sin mi conocimiento.

A-2 El sistema del diario colorido es una versión expandida de The Time Log, tomado de mis notas en una reunión regional de LIA en Londres presentada por Ken Clark, cofundador y anterior presidente de LIA.

A-3 Escuché las ideas al enviar un mini encuentro de hechos y presentar un seminario exitoso de Leo Millward de Legal & Financial Planning ubicada en Lichfield, Inglaterra.

A-4 Las ideas fueron presentadas por Alessandro Forteen en una presentación de la conferencia anual LIA del ReinoUnido y luego presentadas en su revista para miembros, Prospect.

A-5 Hacer un inventario de tus actividades con una visión de delegarlas y los Referability Habits™ fueron ideas sobre las que leí en 'How The Best Get Better™' por DanSullivan y publicado por The Strategic Coach®.

A-6 El cálculo original muestra por lo menos 50% de su producción en un año (está más cerca del 80%) viene de Malcolm Kilminster en su libro 'New Vision'. Esta también es la fuente del diseño original de las 'Sesenta referencias'. Urjo a los lectores a comprar este libro. A pesar de que tomar minutos en una reunión ha sido una práctica estándar de la mayoría de los negocios fue Malcolm Kilminster quien formuló los encabezados del rastreador de reuniones en el capítulo 9.

A-7 Este proceso fue desarrollado por Clive Holmes, fundador de LIA

A-8 Atribuido a William H Alley de Kentucky, Estados Unidos en la publicación de MDRT denominada 'Power Phrases for Success'

A-9 Alfred O'Granum, respetado miembro de MDRT y representante de North Western Mutual Life en los Estados Unidos, responsable por la investigación original que generó estas estadísticas.

El sistema de puntos diarios – Mi investigación me llevó por varios caminos. Parece que este sistema ha sido usado de muchas maneras durante muchos años y aparece en muchas presentaciones. En mis propios archivos yo lo encontré garabateado en un pedazo de papel en mi primera convención de seguros de vida en 1996. Me fue dado por uno de aquellos a quienes me aproxime preguntándoles por su mejor venta o idea de eficiencia.

APÉNDICE B
Más lecturas

Servicios financieros

It Can Only Get Better. Tony Gordon

New Vision. Malcolm Kilminster

The 21st Century Agent. Dan Sullivan

The Feldman Method. Andrew H Thomson

Realizando prospección

The Power to Get In. Michael Boylan

The Promise of the Future. Duncan MacPherson

Finanzas (¡tus propias!)

The Richest Man in Babylon. George Clason

The 4 Laws of Debt Free Prosperity. Blaine Harris & Charles Coonradt

Think and Grow Rich. Napoleon Hill

Delegación

The Power of Two. Gina Pellegrini-Crist

Desarrollo personal

Being Happy. Andrew Matthews

Unlimited Power. Tony Robbins

Awaken the Giant Within. Tony Robbins

Uno para los padres...

The Sixty Minute Father. Rob Parsons

Establecimiento de objetivos

The Sky is Not the Limit. Malcolm Kilminster

Goals. Zig Ziglar

Servicio al cliente

Moments of Magic. Shep Hyken

ACERCA DEL AUTOR

Ian comenzó su carrera de seguros de vida en 1996.

Después de cinco meses de ser un asesor contratado se volvió un asesor financiero Independiente (IFA).

Para el cambio de milenio él había fundado su propia empresa.

Al tiempo de escribir, en el 2020, el dirige un exitoso negocio de planificación financiera familiar en Londres, Inglaterra trabajando primariamente con ejecutivos de compañías, dueños de negocios, personas retiradas o por retirarse.

Él ha servido en la junta de LIA, la junta de la fundación de caridad PFS y el Comité ejecutivo de MDRT

ACERCA DEL AUTOR

La primera edición de este libro fue escrita en el 2001 y publicada en el 2002.

Fue subsecuentemente traducida e impresa en coreano, junto con un volumen completo de un sistema de diario.

El libro se vendió completamente para el 2010 y solamente estuvo disponible de segunda mano.

Una segunda edición fue realizada en el 2020 y estuvo disponible solamente en inglés.

Esta tercera edición ligeramente revisada fue también publicada en el 2020 como una copia en papel y también traducida al coreano, japonés, chino, griego y español.

Lightning Source UK Ltd.
Milton Keynes UK
UKHW020852230421
382484UK00006B/154

9 781838 399122